Loles Sancho es Licenciada en Marketing, Gestión Comercial y Máster en Publicidad y Comunicación empresarial. Actualmente trabajaba como consultora de marketing, formadora, ponente, blogger y social media manager. Como aficionada al running dedica parte de su tiempo a escribir sobre este deporte. Esto le hace fusionar dos de sus hobbies en uno: escribir y correr. Ser madre de una niña con discapacidad es el mayor reto que la vida le ha puesto delante. La sordera de su hija le ha hecho reencontrarse y luchar día a día para sacar la mejor versión de sí misma.

Loles escribe en su web,**www.lolessancho.com**, artículos de marketing, running y sobre su vida como madre de una niña sorda.

SOS
Mi hija es sorda

Loles Sancho Martí

Edita
Loles Sancho Martí

Diseño y Maquetación
Ana Cuesta Savall

ISBN papel: 978-84-686-5659-5
ISBN digital: 978-84-686-5660-1

Impreso en España

AGRADECIMIENTOS

A Javier, mi marido y padre de Aitana, porque ha sido para mí el guionista de este libro. A José Falcó, periodista y amiga, que junto a Carmen Pérez, filóloga, han hecho las correcciones del libro con tanto cariño. A Ana Cuesta, la artista de las ilustraciones y la maquetación.

A mis padres, José Luís y Loli, porque me van a faltar días en esta vida para agradecerles todo lo que están haciendo por nosotros. A nuestras familias en general, porque sin darse cuenta, son un apoyo imprescindible para nosotros.

A todo el equipo de profesionales médicos, profesores y monitores que forman parte de la vida de nuestra hija.

A nuestros amigos por estar siempre cuando más los hemos necesitado.

Y a Alejandro Alandes, hijo de Javier, por su predisposición en darme ideas y recordarme situaciones que él ha vivido con su hermana y que he podido plasmar en el libro. Sin duda, el mejor hermano que Aitana puede tener.

PRÓLOGO

Esta es una historia de amor. Del amor de los padres a sus hijos y de los hijos a sus padres. Del amor de pareja. Del amor de los hermanos, abuelos y tíos. Del amor de los amigos. Del amor de las personas que hacen del trabajo con niños su profesión y de la importancia de amarse a uno mismo para poder ayudar a los demás.

En esta historia Loles narra los primeros años de crianza, junto con Javier, de su hija Aitana a partir de la sospecha de que algo no va bien en su desarrollo. Su testimonio es sincero, sin rodeos y refleja en gran medida las vivencias y sentimientos de otras familias que han pasado por la misma situación. Aunque cada historia es única, porque cada persona y cada familia es única.

Aitana tiene una sordera profunda y es usuaria de implantes cocleares. La conocí, junto a sus padres, en el mes de febrero de 2012. En esa primera entrevista Loles y Javier ya tenían muy claro que lo fundamental era formar un equipo y me propusieron trabajar juntos. Así como lo escribo. Ellos me propusieron formar parte de su equipo. Tenían mucho por aprender, pero sin duda la determinación de tomar las riendas del tratamiento de su hija es lo que hizo la diferencia en estos años en la evolución de Aitana.

Hay numerosos factores que intervienen en la evolución de un niño sordo, como la edad de diagnóstico, la idoneidad de las prótesis auditivas, la existencia o no de otros problemas agregados o la metodología de enseñanza, pero sobre todas las variables la intervención precoz y la implicación de la familia son las que tienen más peso a la hora de valorar el éxito en los resultados. El desarrollo de las habilidades auditivas y del lenguaje en función de la comunicación y la cognición requiere un arduo trabajo, práctica supervisada, constancia, paciencia y tiempo. Valorar los resultados y modificar el rumbo si es necesario, informarse y formarse. No existe una metodología de enseñanza milagrosa, si así fuera, todos los profesionales aplicarían la misma. Cada familia debe buscar la que más se ajuste a sus convicciones y a sus posibilidades, no sólo fijarse en los resultados, sino conocer qué se requiere de cada una de las personas involucradas. Nunca deben descuidarse los procesos afectivos, un buen estado emocional es la base de todos los aprendizajes y las relaciones. Es necesario formar un equipo y los integrantes de ese equipo irán cambiando conforme cambien las necesidades del corazón del equipo.

Esta es la historia del equipo de Aitana, Loles y Javier. Una historia de amor y superación.

Mariana Maggio De Maggi. Castellón, 2014.

———

Mariana es licenciada en Fonoaudiología por la Facultad de Medicina de la Universidad de Buenos Aires. Desde el año 1991 se dedica a la rehabilitación auditiva y de los trastornos específicos del lenguaje en niños a través de programas de atención centrados en la familia. Tiene una extensa formación hospitalaria y en el campo de la audiología pediátrica, colaborando como docente en distintas universidades y centros de formación de postgrado a nivel nacional e internacional. Desde el año 2002 codirige el Programa Infantil Phonak en España. También ha elegido vivir muy cerca del mar y dirige el área pediátrica del centro Sensori de Castellón, donde se dedica a la valoración audiológica, adaptación protésica y rehabilitación en niños, asesorando a sus familias y otros profesionales.

SOS
Mi hija es sorda

Loles Sancho Martí

Es abril. Estoy sentada en la playa. El día es soleado, precioso. Esa época del año donde en ciertos momentos parece que estemos en verano.

La playa, casi desierta. Y sentir la arena caliente en los pies desnudos me aporta una sensación de libertad que llevaba meses olvidada.

Veo una pareja pasear cerca de la orilla. Llevan las zapatillas en la mano, pero no se mojan los pies. El agua aún está fría.

Ella está embarazada. Pero el día es lo suficientemente bueno como para que se haya subido la camiseta, dejando su preciosa tripa de embarazada a la vista. Con la mano que tiene libre acaricia su tripa. Estimo que está de unas treinta semanas. Unos siete meses de ese maravilloso proceso.

Y recuerdo cuando era yo quien me acariciaba la tripa, y esa mezcla de sensaciones contradictorias. Inmensa alegría por lo que está por venir y, en ocasiones, temores, miedos. Esas incógnitas que todas las mujeres embarazadas compartimos. ¿Cómo será el parto?, ¿saldrá todo bien?

"Todas las pruebas que me han hecho dicen que está todo correcto, pero conozco casos donde también estaba todo bien y, después, hubo problemas. Pero no puedo pensar así, no puedo angustiarme porque no me beneficia. Sólo me pone nerviosa, y no es bueno para mí ni para el bebé".

Toda mujer embarazada tiene esas dudas, esas preguntas, y normalmente se las guarda dentro, muy adentro. No queremos preocupar a nuestra pareja, no queremos atraer malos pensamientos. Y además, hay tantas cosas que preparar, tantas cosas en las que pensar que hacen que esos pensamientos se vayan disipando.

Pero sé algo en lo que no ha pensado esa chica embarazada, porque yo, teniendo todos esos temores, jamás lo había pensado: jamás había pensado en la posibilidad de que la hija que llevaba dentro de mí fuera sorda. Había barajado cientos de posibilidades, pero jamás esa. No sé por qué. Pero no entra en la cabeza de nadie, a no ser que haya claros antecedentes familiares.

Estoy segura de que esa chica que pasea por la orilla ha pensado en muchas cosas, pero jamás en que su bebé tenga sordera.

Y sin embargo, mi hija Aitana nació sorda, severo-profunda, totalmente sorda. Sin antecedentes familiares, sin complicaciones en el embarazo, sin problemas en el parto; no sabemos por qué, pero es sorda.

Una vez preguntaron a un grupo de personas que asistíamos a una conferencia:

—Si tuvierais que elegir obligatoriamente, ¿preferiríais ser ciegos o sordos?

La inmensa mayoría del auditorio respondió que preferiría ser sorda. Que la vista es primordial, vital.

El ponente sonrió, y nos dijo:

—No hay una respuesta correcta. Pero pensad algo. La ceguera nos aleja de las cosas. La sordera nos aleja de las personas. Ahora que cada uno decida de lo que preferiría estar más alejado.

Me incorporo y recojo mis zapatillas. Tengo que levantar la voz, está alejada.

—¡Aitana… ven ya!, ¡nos vamos a casa!

—Ya voy mamá… mira qué piedra he encontrado.

El día a día de un niño sordo

Criar y educar a un hijo probablemente sea la tarea más complicada a la que nos tengamos que enfrentar, como padres, a lo largo de nuestra vida. ¿Cuántas veces hemos escuchado esto? Yo muchísimas, seguro que vosotros también ¿verdad? Para todos los padres es muy complicado, cada niño es diferente, lo que a unos niños les van bien a otros no, aun siendo hermanos.

Hay familias con más de un hijo que cuentan que uno no tiene nada que ver con otro. Lo que a uno le va bien para dormir al otro no; lo que a uno le gusta en su hora del baño el otro lo detesta; y así infinidad de ejemplos.

Pero esto, os puedo asegurar que se complica elevado a la enésima potencia si ese niño no oye o tiene cualquier otro tipo de discapacidad.

No sé si podéis por un momento pararos a pensar cómo es el día a día con un niño sordo.

Era todo muy difícil. La cosa más tonta, irrisoria o convencional se hacía tan complicada que a veces Javier, mi marido, y yo nos sentíamos incapaces de poder conseguir complacer a nuestra pequeña.

Cómo calmas a un niño sordo cuando llora, cómo le explicas lo que está bien y lo que está mal, cómo le dices que toca ir a al baño, a la guardería, que vais a ver a los abuelitos,… y cómo te dice que tiene hambre, sed, pipi, caca, el juguete que quiere en ese momento o que le pica la espalda.

Ahora me doy cuenta de que gran parte de la educación de un niño se basa en la "coacción": "Si te comes todo puedes ver la tele", "si haces la siesta iremos al parque a jugar", "si no te bañas, mañana no iremos a la piscina". Es una continua negociación, una sucesión de "amenazas". Pues nada de eso funciona con un niño sordo. Es imposible hacer ese juego de tira y afloja, ese intercambio de acciones.

Esta etapa, la recuerdo como una de las peores que hemos pasado en todo este proceso. La recuerdo y se me pone el corazón en un puño, es una sensación que me acompañará toda la vida.

Y es ahora, cuando Aitana tiene cinco años y hemos atravesado todo un proceso, cuando soy capaz de atreverme a mirar atrás y ver todo lo que hemos pasado: como personas, como pareja, como familia. Partimos de la base de que la sordera no es una discapacidad o una enfermedad donde la vida del que la sufre está en riesgo. Por tanto, y apoyados en esa suerte, todo lo que se trabaja siempre es para mejorar.

Y tenemos que trabajar y ayudar a mejorar a los niños sordos por respeto a otras familias, por respeto a otras enfermedades y discapacidades que quizá no tengan la suerte de poder mejorar con el tiempo. Llega un momento en el que tenemos que dejar de lamentarnos de por qué nos ha pasado esto a nosotros, ya que, gracias a los avances médicos y a los maravillosos profesionales que existen, un niño sordo mejora a pasos agigantados, de manera constante.

Este libro lo he escrito para cualquier persona que quiera conocer una historia, pero sobre todo para dar esperanza y valor a los padres de niños sordos recién diagnosticados. El camino es largo, duro, a veces frustrante. Pero hay esperanza, una esperanza real, y tenéis que luchar por ella y tenerla siempre presente.

Vuestro hijo necesita vuestra fuerza y esa fuerza no la podéis delegar en nadie más, la tenéis que asumir vosotros.

Si sois padres de un niño sordo recién diagnosticado, aquí leeréis nuestro camino. Y como quiero que sigáis leyendo, quiero deciros que hoy, Aitana, con cinco años, oye. Y vaya si oye. Y habla. Y canta. Y lee. Y va al cole, al curso que le corresponde. Y no es una niña especial. Es lo que nosotros siempre hemos querido que sea: una niña más.

¿Qué le pasa a mi hija?

Fase 1 - La ignorancia

En esta fase, que duró desde que Aitana nació hasta los trece meses aproximadamente, éramos una familia al uso, con una vida totalmente normal. En esta etapa todavía no sabíamos que nuestra hija padecía de hipoacusia neurosensorial severa profunda, es decir, sordera. Javier, mi marido, acababa de dejar su trabajo y yo era por aquel entonces responsable de comunicación de una empresa.

La decisión de Javier de dejar su puesto de trabajo nos vino genial, pues así podríamos estar juntos las dos semanas previas al parto y disfrutar conjuntamente de Aitana durante mi baja por maternidad.

Yo pasé mis cuatro meses reglamentarios de baja por maternidad que, para seros sincera, al final se me hicieron largos y estaba deseando volver a calzarme mis tacones y vestir mis trajes para volver a la oficina. Supongo que muchas mamás que lean este libro se sentirán identificadas conmigo en este punto, y no por ello somos malas madres, simplemente necesitamos volver a recuperar nuestro "yo", necesitamos volver a ser la misma persona que antes de dar a luz, porque los bebés son tan absorbentes que, en determinadas ocasiones, nos hacen perder hasta nuestra propia identidad.

Recuerdo que había días que no me daba tiempo ni a mirarme al espejo, que si estaba sola en casa no podía ni ducharme porque, aparte de ser madre primeriza y asustadiza, tenía un bebé que estaba continuamente llorando.

Aitana era una niña que comía bien, que si estaba con gente al lado estaba encantada de la vida, sonreía, le gustaba mucho que le dijeran cosas, que la cogieran,… lo peor era la noche, el momento de meterla en la cuna. Supongo que como la gran mayoría de niños, pero a Aitana no le bastaba con la presencia de gente, necesitaba la presencia visual de gente o el contacto físico. Más tarde entendimos por qué.

Los cuatro primeros meses los pasamos los tres juntos en casa, pendientes constantemente de nuestra hija y disfrutando de ella al máximo. Yo tardé casi dos meses en recuperarme de una fuerte anemia, que llevé arrastrando todo el embarazo, y del dichoso desgarro abdominal que me produje en el parto de la fuerza que hice empujando.

Durante esos dos meses tuvimos a mi madre preparándonos cocidos, lentejas y todos esos maravillosos guisos que puede cocinar con amor una madre para una hija. Dichosas madres, si no hubiera sido por ella aún arrastraría esa anemia, porque Javier y yo estamos bastante reñidos con la cocina tradicional. Bueno, no es que estemos reñidos, es que directamente somos un desastre en lo que a faceta culinaria se refiere.

Pues en esta preciosa etapa de la ignorancia vivíamos como la gran mayoría de familias lo hace. En nuestro caso, era yo la que se iba a trabajar y Javier se quedaba en casa al cuidado de la pequeña. Recuerdo que había días que llegaba a casa y que veía a Javier descompuesto y deseando que le quitara a la niña de sus brazos. Me contaba que Aitana se pasaba horas y horas llorando sin consuelo y que llegaba un momento que no sabía qué hacer con ella.

Mi marido se hizo un experto en dar las tomas de biberón, es más, Aitana se lo tomaba más a gusto con él que conmigo. Un experto en detectar si Aitana estaba incómoda en la hamaca o si quería dormir. Eran un solo yo, una compenetración total entre padre e hija y eso a mí me encantaba verlo.

En esta etapa, la de la ignorancia, hubo cambios en mi vida, cambios importantes. Mi aspecto físico no me agradaba, aún no me había quitado los kilos del embarazo y eso me hacía sentir incómoda, a la vez que nada ágil. Y por otro lado, a nivel laboral, pues al mes o mes y medio de mi incorporación me propusieron una elección: mantener mi puesto, pero en Madrid, o salir de la compañía. Elegí lo segundo, en casa me esperaba mi familia y en Madrid todo apuntaba a que fuera un proyecto carente de un futuro prometedor.

No he comentado que nosotros somos de Valencia y vivimos en un maravilloso pueblito costero, Canet d'en Berenguer. Así que no fue difícil la elección de no ir a Madrid.

Era un momento perfecto, mi bebé con cinco meses, mi marido y yo en casa cuidando de ella, paseando a cualquier hora del día por el sol. Todo era maravilloso, todo era normal, no había nada extraño, todo fluía.

Al mes y medio de estar disfrutando de mi maravilloso estado de desempleo me surgió una oportunidad laboral y, sin pensarlo dos veces, allí fui, a por el trabajo, y luché por él con uñas y dientes, porque siempre he tenido esa obsesión por el trabajo, por ocupar mi día en cosas que me hagan sentir útil, realizada, que me hagan ver que aporto valor. Por aquel entonces, la parte profesional era muy importante para mí, acompañada por mi concepto de lo que es ser "profesional", volcar mi vida en el trabajo y trabajar bajo las órdenes de otros, dando lo mejor de mí, incluso dándoles parte de mi vida personal.

Y así empecé otra vez a estar en activo, en este caso solo por las mañanas, pues pacté una media jornada con el objetivo y buena intención de dedicar las tardes a mi familia. Pero ocurrió lo que suele ocurrir cuando una es adicta al trabajo: que la jornada se extendía a las tardes, me llevaba los deberes a casa y la mayoría de días pedía a Javier que se llevara a Aitana de allí, porque su "presencia" me molestaba, no podía rendir en el trabajo. Javier no veía bien que trabajara por las tardes en casa, pues si había pactado una media jornada era para poder disfrutar de mi hija, pero como sabía lo importante que era para mí la parcela laboral, siempre respetó lo que yo hiciera, aun no estando de acuerdo.

Ahora pienso en la de horas que dejé de dedicar a mi hija por culpa de mi obsesión con el trabajo y me siento estúpida. También pienso que si las hubiera pasado al lado de ella, quizás hubiera advertido algo raro y la hubiéramos llevado antes a un especialista. Y pensar eso me duele, me duele mucho, pero no puedo volver atrás y hacer las cosas de diferente manera. O quizá, ¿sabéis qué? Si hubiera pasado todas esas tardes con mi hija a lo mejor no hubiera detectado nada raro, porque he desarrollado una teoría en estos años.

Lo que cada uno tiene en casa piensa que es lo normal, y que el comportamiento de su hijo es normal. Cada niño anda a una edad, habla a una edad y no hay que hacer comparaciones entre ellos. Es cierto, pero las carencias o las diferencias en desarrollo se ponen de manifiesto cuando hay comparaciones con otros niños en la guardería, en el parque. Por tanto, me consuela pensar que, aunque hubiera estado en casa, no hubiera detectado nada en Aitana, porque faltaba ese elemento comparativo, y para nosotros, todo era normal.

Esa obsesión por el trabajo, por tratar de ser perfecta y exacta en todo lo que hago, esa obsesión por analizar las cosas, a veces me ha favorecido y otras me ha jugado malas pasadas. Os voy a poner un ejemplo de hasta donde llegaba mi obsesión por la planificación, orden, exactitud, mi autoexigencia y mi constante búsqueda de la perfección porque así entenderéis, más adelante, ciertas pautas y comportamiento que adopté con Aitana.

Por ejemplo, cuando yo comenzaba a leer una novela, lo primero que hacía era ver cuántas páginas tenía, dividir ese número de páginas entre el número de días en el que fijaba como objetivo acabarla y, a partir de ahí, empezar a leer y cumplir diariamente con el número que tocaba. Si por ejemplo la novela tenía 368 páginas y quería leerla en una semana, debía leer, sí o sí, 52,5 páginas diarias. Todo lo que fuera leer más de esa cifra era como adelantar deberes del día siguiente, y todo lo que era leer menos me hacía sentir una angustia y un sentimiento de culpa tremendo. Así funcionaba mi mente y así siguió funcionando hasta que Aitana tuvo tres años y medio. Afortunadamente hoy, mi hija me ha enseñado que se puede vivir de otra forma, me ha liberado de todo esto.

Vivir así es no vivir. Vivir así es vivir con una olla a presión dentro de ti que te hace no sacar lo mejor de ti, te hace no conocerte, no pensar en la vida que te gustaría tener, y te limita para muchas cosas.

En muchas ocasiones he pensado de dónde me venía este carácter. Normalmente nos remontamos a la infancia para ver si hubo algo que nos marcó y descubrir qué es. Yo personalmente recuerdo verme muy reflejada en mi padre, que dio todo por el trabajo, todo, hasta el día de su jubilación. Él también anteponía su trabajo a otras parcelas de su vida y buscaba la perfección en todo lo que hacía. Esa forma de ver las cosas fue la que ha hecho de él, durante toda su vida laboral, una pieza clave en las empresas en las que ha trabajado. Pero, inevitablemente, proyectaba esa búsqueda de la perfección en mi madre, mi hermana y en mí.

A casa no bastaba llegar con un nueve en las notas del colegio, tenía que ser diez. Llegar con un nueve no era motivo de riña ni mucho menos, pero era motivo de escuchar:

–Muy bien, pero a la próxima un diez.

Y estas cosas, depende quien las viva, le marcan de por vida. Mi hermana María José, chica lista, nunca se ha dejado influenciar ni marcar su personalidad del modo con que pudo marcármela a mí. Y yo os juro que esta obsesión no me ha hecho ningún bien, sobre todo durante estos tres largos años.

Hasta que Aitana tuvo unos trece meses era todo de color de rosa, todo olía a bebé. Aunque había una excepción: el sueño. Un sueño discontinuo, inquieto, que nos hacía despertarnos varias veces durante la noche, prepararle biberones y, cuando ella volvía a dormirse, intentar volver a conciliar el sueño nosotros. Recuerdo que cuando tenía diez meses, y hartos de no pegar ojo por las noches, decidimos recurrir al último recurso, el famoso método Estivill del "Duérmete Niño", ese método que consiste, básicamente, en dejar llorar al niño y, cada cierto tiempo, establecer un contacto visual y decirle palabras en tono cariñoso para que se dé cuenta de que no está solo, pero debe dormir solo.

Sorprendentemente, el método funcionaba. Nos congratulábamos de que nuestras palabras de cariño la tranquilizaran. Qué equivocados estábamos, y creo que funcionaba porque se quedaba exhausta de llorar y se frustraba por no entender nada de lo que estaba pasando.

Fue a los once meses cuando empezó a aprender a andar. Ese momento constituye esa linda etapa donde los padres viven constantemente agachados y acaban el día desriñonados. Esa etapa tan deseada que, cuando por fin llega, te das cuenta de lo bien que estabas cuando ni siquiera gateaba. Pues en esa etapa, justamente en esa, fue donde las cosas dejaron de ser rosas para empezar a ser algo más grises.

Comenzó ahí la etapa de la sospecha: pasamos de estar en la ignorancia a estar en la sospecha en un abrir y cerrar de ojos.

Fase 2 - La sospecha

Aitana tardó muy poco tiempo en aprender a andar –la verdad

es que siempre ha sido muy hábil en lo que a destrezas físicas se refiere–. Guardaba muy bien el equilibrio, sabía cuándo y dónde dar el siguiente paso, y en cuestión de dos semanas ya iba ella sola por el parque que tenemos próximo a nuestra casa, andando con los brazos en cruz tratando de mantener el equilibrio para no caerse.

Fue ahí cuando la llamábamos y no se giraba. Cuando se alejaba de nosotros y, al llamarla, no hacía mención de ver de dónde provenía la fuente de sonido, y fue ahí cuando, ignorantes de nosotros, pensábamos: "Qué lista es; como sabe que la vamos a reñir, no se gira". Porque como ya he dicho antes, para unos padres, "lo que tienen en casa" es lo normal.

Para nosotros era normal que Aitana, con un año recién cumplido, no dijera ni "mamá" ni "papá" ni "agua" o ni siquiera balbuceara. Pensábamos que, como cada niño lleva un desarrollo, el de nuestra hija ya vendría. Nuestros amigos o gente con la que nos relacionábamos casi a diario siempre nos decían que Aitana era una niña muy espabilada y avispada, que tenía mucho carácter y que difícilmente el resto de niños podía "tomarle el pelo".

Un domingo de finales de agosto, mi tía Milagros me sugirió que lleváramos a Aitana al otorrino, pues detectaba como que la niña no escuchaba bien. Mi tía, aparte de ser enfermera, tiene un hijo que tuvo problemas de pequeño en los oídos; no es sordo, pero sí estuvo un tiempo sin escuchar bien. Por ese motivo, mi tía relacionaba algunos comportamientos de Aitana con problemas de oído. Me comentó que quizá fuera un tapón de cera o algo por el estilo.

Javier y yo no le dimos mucha importancia, pero sí nos hizo pensar un poco. En ese momento no pedimos cita en el otorrino, decidimos esperar un poco y ver si efectivamente notábamos algo en el comportamiento, aunque sin alarmarnos.

Pasó el verano y a los pocos días, Aitana comenzó su segundo año en la guardería. Como siempre, muy contenta de ir al cole y ver a sus cuidadoras y amigos. Al segundo día de guardería, las cuidadoras nos dijeron que querían hablar con nosotros. Fue cuestión de dos minutos darnos cuenta de que a nuestra hija le pasaba algo; sólo dos minutos.

Nos comentaron que, en esos dos días, habían detectado algo en Aitana. Parecía que no escuchaba bien o que no quería prestar atención, era como que Aitana vivía en una burbuja. Nos dieron varios ejemplos: al poner canciones, ella empezaba a bailar cuando veía a otros niños; que era la última en cumplir las órdenes; o que si le hablaban directamente, la niña ni respondía verbalmente ni actuaba al respecto. Y nos mostraron un ejemplo muy clarificador: cogieron a otro niño más pequeño que Aitana y los sentaron juntos a los dos. La profesora y nosotros nos pusimos justo detrás de ellos.

–Lucas –dijo la profesora, y Lucas se giró

–Aitana –volvió a decir, y Aitana no se giró. Es más, Lucas la miraba como diciendo, "que te están llamando, Aitana, gírate".

Al ver esto, Javier y yo nos quedamos sorprendidos. Lourdes, que así se llama la profesora, nos dijo que no era normal que no respondiera a su nombre, que Lucas era seis meses menor que ella y, desde ya hacía tiempo, reconocía su nombre.

A partir de ese momento es cuando nuestra vida tuvo un antes y un después.

Javier y yo salimos de la guardería más que preocupados y, desde ese instante, empezamos a realizar cientos de pruebas de audición con Aitana, pruebas caseras, del tipo: llamarla por la espalda, poner en funcionamiento un juguete sonoro a sus espaldas o subir la tele a todo volumen mientras ella estaba despistada. En esos momentos no había respuesta, pero estábamos confusos, pues sí había ocasiones que, cuando la llamábamos se giraba o, cuando poníamos en la tele el famoso "Cantajuegos", bailaba o aplaudía.

Javier tiene un hijo de su anterior matrimonio, Alejandro. Él es uno más en casa, por supuesto, aunque no conviva a diario con nosotros y es el hermano mayor más orgulloso de su hermana que existe. A él no le extrañaba para nada que Aitana no hablara, ni lo detectaba. Jugaban juntos, él hacía reír a Aitana y, entre ambos, habían desarrollado un espontáneo sistema de señales que hacía que su comunicación fluyera.

Él es el principal eslabón de Aitana con el mundo, con los juegos, con las discusiones, como buenos hermanos.

Recuerdo que un sábado por la noche, unos días después de que en la guardería nos alertaran, Javier y yo estábamos cenando, Alejandro estaba dormido en el sillón y Aitana sentada en su trona viendo dibujos en la televisión y de espaldas a nosotros. Nosotros conversábamos de la posibilidad de que Aitana tuviera algún problema de audición y de lo que podría suponer eso. De repente, sin decir nada, sin avisar, Javier dio un manotazo en la mesa del comedor. Golpeó tan fuerte la mesa, que el agua de los vasos se derramó en el mantel, saltaron los cubiertos, Alejandro se despertó de un salto y Aitana ni se inmutó. Fue ahí cuando supimos que efectivamente a nuestra hija le pasaba algo. No oía.

El domingo lo pasamos muy cabizbajos y deseando que llegara el lunes para llamar a un otorrino. Recuerdo que llamé a mis padres para decirles que íbamos a llevar a Aitana a un especialista para que la mirara y ellos trataron de quitar hierro al asunto, pronunciando frases tranquilizadoras conmigo:

—Será un tapón de cera hija, eso le pasa a muchos niños —decía mi madre.

—Sí, mamá, puede que lo sea, pero un tapón de cera, ¿te deja tan sordo?

—A lo mejor es que tiene otitis, tú no te preocupes que Aitana no está sorda, que ella baila, hace caso muchas veces, sí que se gira a veces cuando la llamas.

–Mamá, ¿y si tiene autismo o algún tipo de déficit de atención?

–Hija, no digas chorradas, con lo lista que es tu hija. Tú espera a ver qué te dicen.

Ese mismo lunes llamamos a la Clínica Barona (situada en el Hospital La Salud de Valencia) para pedir cita con la doctora Úbeda, la otorrino de Alejandro, y nos dio por fortuna cita para dos días después. Decidimos ir a ver a esa doctora porque nunca se nos había dado el caso de ir al otorrino y, como esta doctora había tratado a Alejandro, nos resultaba más cómodo ir a ella.

Creo que os podéis imaginar cómo pasamos ese par de días hasta que llegamos a la consulta, ¿verdad? Pues paranoicos perdidos llamando a Aitana cientos de veces, cogiendo sartenes y cucharas de madera, y yendo detrás de ella para asustarla, explotando globos,… todo aquello que pudiera darnos pistas o constatar que, efectivamente, nuestra hija no respondía al sonido. Recuerdo que también la cogíamos y le decíamos:

–Aitana, di "mamá", "papá". Venga ahora tú: "mamá", "papá".

Y Aitana lo único que hacía era mover la boca y sonreír.

Llegó el día de nuestra cita y allí estábamos, los tres, casi cuarenta y cinco minutos antes de la hora prevista. La espera se hizo un poco larga, pero finalmente nos llamaron para pasar a consulta. La doctora, antes de mirar los oídos a Aitana, nos hizo algunas preguntas, las típicas: fecha de nacimiento, cómo fue el parto, peso, talla al nacer, alergias, cómo fue la prueba de otoemisiones.

El test de otoemisiones es una prueba que se realiza a los recién nacidos para comprobar el correcto funcionamiento del oído medio y de las células ciliadas externas de la cóclea. En el oído existen unas células (células ciliadas externas), que somos capaces de estimular por medio del sonido, detectando una respuesta positiva si el oído (cóclea) es normal. Esta prueba, por su sencillez y rapidez, se utiliza en los programas de detección precoz de sorderas en el recién nacido. El que esta prueba sea negativa no implica necesariamente que el niño no oiga, o no vaya a oír en el futuro, ya que hay muchos factores que intervienen en el resultado de la prueba. Al igual que si es positiva, como en el caso de Aitana, no significa que el niño no tenga problemas de audición.

Es importante que sepáis que a Aitana, cuando nació, le hicieron la prueba de otoemisiones acústicas. El resultado fue totalmente normal, y así está reflejado en su cartilla de salud.

Una vez realizada la batería de preguntas pertinentes, la doctora procedió a realizarle a Aitana una exploración. Y tras la exploración, nos pidió que pasáramos a una sala contigua para que le repitieran las otoemisiones.

Una vez hechas todas esas pruebas, la doctora dijo que efectivamente había un problema de audición, pero que debía estudiarlo más en profundidad para poder dar un diagnóstico definitivo. Nos pidió que no nos alarmáramos, que debía estudiar el caso y que no sacáramos conclusiones precipitadas.

Nos siguió haciendo más preguntas acerca de la niña y sus reacciones ante los sonidos:

—¿Se gira cuando la llamáis?

—De vez en cuando, por eso estamos confusos.

—Pero cuando la llamáis, ¿os aseguráis de que ella no os ve de reojo, es decir, estáis totalmente a su espalda?

—Pues doctora, ahora que dice eso, nos pone en duda.

—¿Se asusta con golpes fuertes?

—A veces, justo el otro día no se asustó en absoluto, pero hay veces que sí.

—Pues tenéis que aseguraros de si hay algún tipo de vibración acompañado de ese ruido o alguna ráfaga de aire, por pequeña que sea, porque en caso de que Aitana tuviera problemas de audición podría estar desarrollando hipersensibilidad a la vibración y reacciones a vibraciones, pero no a sonidos. Por eso hay veces que creéis que reacciona y otras, no.

La doctora nos estuvo dando algunos argumentos como estos que nos dejaron con la boca abierta. Nos dijo que nos iba a hacer un volante para realizar otro tipo de pruebas, las llamó Potenciales Evocados Auditivos (PEA) y nos explicó en qué consistían.

Mediante el Potencial Evocado Auditivo se puede evaluar de forma aproximada el nivel de audición. Es especialmente útil en niños pequeños, ya que no se les puede realizar una audiometría y, en caso de sospecha de sordera, es necesario realizar el diagnóstico lo antes posible, en una edad en la que el proceso de maduración cerebral está directamente relacionado con la adquisición del lenguaje. Además, la respuesta neurofisiológica del Potencial Evocado Auditivo aporta datos sobre la conducción del nervio auditivo, necesario para el diagnóstico de patologías en las que el nervio auditivo o la vía auditiva cerebral se encuentran afectados. La prueba duraría entre veinte minutos y una hora; Aitana debía estar dormida y no era para nada dolorosa.

Así pues, salimos de la consulta y fuimos al mostrador de atención al paciente con el volante para pedir fecha. Afortunadamente nos dieron para una semana después a las nueve de la mañana.

Fue una larga semana, larguísima, en la que constatamos que nuestra hija no oía bien o que tenía un déficit de atención. Era increíble pensar cómo no nos habíamos dado cuenta hasta ese momento de que algo pasaba, pero bueno, había que esperar los resultados de los Potenciales Evocados Auditivos porque aún había una mínima esperanza de que aquello quedara en algo anecdótico.

Esa semana estuvimos comentando con amigos y familiares la posibilidad de que Aitana tuviera algún problema y la gente no daba crédito. ¿Cómo era posible que le pudiera pasar algo a Aitana? Casi todos coincidían en que seguro que no era nada, que Aitana se veía muy sana, muy espabilada e inteligente.

La semana se hizo eterna, como se hicieron otras muchas después de esta. Pero al fin llegó el día de la prueba. Decidimos despertar a Aitana a las cinco de la mañana y dejarla sin tomar biberón hasta las ocho y media aproximadamente, puesto que si la prueba era a las nueve de la mañana y se la tenían que hacer dormida, debía llegar muy cansada para caer rendida de sueño y dormirse. El cansancio extremo y el biberón caliente eran los mejores remedios para dormir a Aitana, de otra manera era casi misión imposible. Aitana siempre ha sido poco dormidora. Desde muy pequeña dejó de hacer siestas, y mucho menos de dormir a mitad de mañana como hacen otros muchos bebés. Así que, con mucho dolor de corazón, la despertamos a las cinco de la mañana y estuvimos tratando de que no se volviera a dormir, haciendo todo aquello que estaba en nuestra mano. Jugar, ver la televisión, pasear por casa, cambiarle el pañal varias veces, cambiarle la ropa,… y tratar de calmar como fuera los lloros por el hambre que tenía.

Como en la anterior cita, llegamos más pronto de la hora y esperamos en la sala de espera a que se hicieran las ocho y media para darle el biberón y dormirla. Por suerte, no tardó mucho en hacerlo y a las nueve en punto pasamos a una habitación donde prepararon a nuestra hija para la prueba.

Las chicas estaban más que acostumbradas a hacer ese tipo de exámenes a bebés, así que en un santiamén Aitana estaba llena de electrodos por toda su cabeza y conectada a través de unos cables a un monitor. Le pusieron unos auriculares y comenzó la prueba. La chica nos dijo que tardaría entre veinte minutos y una hora. El tiempo de duración dependía de cómo respondiera su cerebro a los estímulos auditivos, pues a través de esos auriculares iban a emitir sonidos con una mezcla de frecuencias a diferentes niveles de volumen en decibelios. Si Aitana respondía a volúmenes bajos, la prueba acabaría antes y si no, tardaría más.

La chica salió de la sala y nos quedamos Javier y yo a la espera de que acabara lo más pronto posible; eso significaría que no había problema o que el problema era menos grave. Recuerdo no dejar de mirar el monitor, mirar a Aitana, mirar el reloj, mirar a Javier. Mis ojos hacían ese recorrido y los minutos pasaban. Cuando llevábamos unos veinticinco o treinta minutos de prueba, el sonido que le emitían por los auriculares se comenzaba a escuchar a través de ellos y Aitana seguía dormida plácidamente. La enfermera entró un par de veces para comprobar que los electrodos seguían bien fijados y volvió a salir sin comentar nada acerca de lo que veía en el monitor. A los cuarenta minutos el sonido era cada más fuerte, tan fuerte que Javier y yo lo oíamos perfectamente y Aitana seguía sin responder. Al cabo de una hora, con un ruido horrible dentro de aquella sala y Aitana dormida como un tronco, entró la enfermera a parar la prueba y a desconectar a Aitana de esa máquina.

En el mostrador de atención al paciente nos dieron cita para recogida de pruebas y consulta con la doctora Úbeda para mitad de octubre, sólo para una semana después. Únicamente faltaban siete días para entrar en la fase del diagnóstico, otra de las fases por las que hemos tenido que pasar en todo este proceso. La ignorancia formaba parte de nuestro pasado, ya no desconocíamos nada, éramos conscientes de que algo ocurría, es más, yo diría que en ese punto la sospecha de que algo pasaba ya se hacía evidente. Ahora faltaba estar preparados para escuchar un diagnóstico.

Fase 3 - El diagnóstico

Eran las doce de la mañana, aproximadamente, de un miércoles del mes de octubre de 2010 cuando la doctora Úbeda entró a su consulta con un sobre cerrado.

Allí estábamos Aitana, Javier y yo, esperando a la doctora y tratando de que Aitana no le destrozara la consulta. Una niña de quince meses encerrada entre cuatro paredes en un cubículo de tres por tres metros no puede resistirse a toquitear, a trepar, a enfadarse por querer salir de allí.

La doctora abrió la puerta y nos dio los buenos días. ; Aitana siguió jugando como si nada con el palito de madera, de esos que te meten en la boca para verte hasta la campanilla.

La doctora se sentó en su sillón y, mientras hacía carantoñas a Aitana, que todavía no había advertido su presencia, iba despegando la solapa de aquel sobre lentamente.

Esa imagen, la del sobre entre sus manos, abriéndolo lentamente tratando de no romper ni una pizca de papel, esa imagen de cara impasible, cara que no decía nada, absolutamente nada, esa imagen... me persigue y me perseguirá toda la vida.

Una vez lo hubo abierto, miró la tercera página de aquel informe lleno de gráficas, símbolos raros y curvas de diferentes colores, y dijo:

–Con los resultados de los Potenciales Evocados Auditivos se confirma que vuestra hija padece de una hipoacusia neurosensorial severo-profunda bilateral.

Mi marido y yo la miramos como pidiendo que, por favor, nos tradujera esos "palabros" que no lográbamos entender, pero que nos sonaban a que algo no iba bien. Nos sonaban a que nuestra hija no tenía sus oídos taponados por un dado de cerumen, nos sonaba a algo un poco más grave, pero no sabíamos hasta qué punto.

La doctora muy amablemente comenzó a decir:

–Vuestra hija padece una sordera profunda en ambos oídos. La hipoacusia es irreversible, no tiene cura, no hay ningún medicamento o tratamiento que haga que vuestra hija vuelva a escuchar por sí misma. Será sorda profunda toda su vida. Ahora bien, existen hoy en día avances técnicos que en determinados casos de hipoacusia pueden ayudar a algunas personas a escuchar. Existen audífonos y otras ayudas técnicas que funcionan muy bien para ciertos tipos de sordera, pero en el caso de vuestra hija parece ser que todo apunta a que ningún audífono del mercado podría funcionarle, pues su sordera es de alto grado y en ambos oídos.

Nosotros no dábamos crédito a lo que estábamos escuchando. La doctora siguió hablando.

–Vuestra hija tiene un umbral de 110 decibelios en un oído y de 120 en el otro, es decir, sonidos por debajo de esos decibelios no los aprecia. Para que os hagáis una idea, una mascletà de las Fallas de Valencia puede llegar a alcanzar unos 120-130 decibelios.

Conforme la doctora iba argumentando todas estas barbaridades, porque para mí en ese momento eran barbaridades, mi cuerpo cada vez se iba haciendo más pequeño, mi corazón se iba encogiendo más, la sensación de ahogo era cada vez mayor, sentía palpitaciones, me sudaban las manos y sentía unas tremendas ganas de llorar. No quería hacerlo, al menos no allí, pero me fue imposible. De repente rompí a llorar, a llorar de verdad, como nunca lo había hecho. Llorar de dolor, pena, miedo, derrota, angustia y pérdida, pérdida de control.

Mis oídos de repente se quedaron igual o más sordos que los de mi hija. No daba crédito a lo que acababa de escuchar. Recuerdo que no hacía más que mirar a Aitana, que estaba sentada encima de Javier, y sentía pena, mucha pena por ella, una pena tan dolorosa que me impedía controlar mis lloros. Lloré mucho, a ratos en silencio y a ratos como un niño sin consuelo. Javier aguantaba sus lágrimas estoicamente y me cogía las manos, me abrazaba y lo único que decía era: "Tranquila, tranquila". No podía decir otra cosa.

–Es normal que llore, déjala desahogarse, hay que asimilar e ir digiriendo esta noticia poco a poco. Que llore todo lo que tenga que llorar, pero tratad de que vuestra hija no vea en vuestra actitud nada diferente, que no vea lloros ni caras tristes en casa, porque su única vía de comunicación con vosotros es la visual. Ella no entenderá qué pasa, sólo sentirá tristeza si os ve decaer –dijo la doctora.

Esta comenzó a hacerme una serie de preguntas acerca de mi embarazo. Otra vez. No sé cuánto rato estuvo interrogándome, pero aquello dolía mucho, muchísimo, y yo no sabía que eso se repetiría una y otra vez a lo largo de los años.

Todas las preguntas se dirigían a mí, a mi estado durante el embarazo y al parto. Toda esa batería de preguntas, escritas en un protocolo médico, de las que la doctora debía, obligatoriamente, conocer la respuesta, ayudó a fomentar en mí un sentimiento de culpabilidad que me acompañó durante casi dos años.

Preguntas del tipo:

–¿El embarazo llegó a cuarenta semanas?

–Sí –respondí.

–¿Fue parto natural? –preguntó la doctora.

–Sí, natural y todo muy rápido sin ninguna complicación –respondía yo entre sollozos.

–¿Durante el embarazo te cuidaste: alimentación, estrés, tomaste medicamentos...?

–Pues, yo creo que sí, trabajaba mucho, eso sí, pero siempre he cuidado la alimentación, dejé de fumar durante el embarazo.

Y así continuamos charlando durante un rato.

La doctora Úbeda nos dijo que quería repetir los Potenciales Evocados a Aitana para confirmar el diagnóstico, aunque nos avisó de que era casi imposible que la prueba hubiera salido mal. No obstante, se repetiría a las dos semanas.

Si os soy sincera, poco más recuerdo de ese día, de ese momento. Era tal mi estado de desconcierto que entré como en estado de shock. Fue tan mala la experiencia que aún me duele cuando trato de relatarla para vosotros en este libro, pero quiero hacerlo, con todo lujo de detalles porque sé que puede ayudaros, sobre todo a los que tenéis hijos, familiares o amigos enfermos o con alguna discapacidad.

Al levantarnos de la silla, algo extraño experimentó mi cuerpo, era como si parte de mí se hubiera quedado allí sentada, plantada delante de esa mujer de bata blanca, que todavía portaba en sus manos el maléfico informe médico.

Salí de la consulta con una sensación de vacío tremenda, ¿qué me había pasado?, ¿qué me habían quitado? No lo sabía, en ese momento era imposible saber nada, me acababan de decir que mi hija era sorda, era imposible pensar de una manera mínimamente lúcida. Para descubrirlo, tuvieron que pasar unos años y os aseguro que, hoy, me alegro de haberme desprendido de eso, me alegro de haberlo dejado allí dentro, en aquella consulta, que todavía pensar en ella me pone los pelos de punta.

A partir de ese día, comenzó para nosotros, nuestras familias y amigos un duelo. Un duelo con sus diferentes etapas que cada uno de nosotros vivió de forma diferente.

No era un duelo debido a una pérdida, pero sí un duelo que habría que compaginarlo con lucha, con trabajo, y sin perder un solo día. Aitana tenía un largo camino por delante y muchas cosas que aprender.

El duelo

El duelo es un camino por donde tenemos que transitar tras una mala noticia, y en este camino nos encontramos con una serie de etapas o tramos. Se trata de una aproximación a lo que ocurre, con retrocesos y avances a lo largo del proceso. Es una emoción humana natural y es una reacción sana a un evento trágico, ya sea enterarse de una enfermedad, la muerte o la pérdida de un ser amado.

Hay mucha información acerca de las etapas del duelo, y según el autor que las describa, las llama de una u otra manera, pero los estadios son varios y tienen un orden.

De lo que en un primer momento no fuimos conscientes, fue de que nuestro particular duelo lo teníamos que pasar, pero sin perder un minuto trabajando con Aitana. No sabíamos lo importante que era que Aitana no perdiera un minuto de trabajo, de estimulación. Y en esa fase de duelo, donde te quedas paralizado, fue necesario que los profesionales que trabajaron con nosotros nos dejaran llorar, pero que no nos dejaran detenernos.

Mi objetivo en este capítulo es transmitiros cómo fue cada una de estas etapas para mí y cómo intuyo que lo fueron para Javier y para algunos de mis familiares. Quizás os veáis reflejados en la manera en que yo los viví y los fui superando.

1. Fase de Negación

Consiste en negarse a sí mismo, o al entorno, que ha ocurrido lo que ha ocurrido; en mi caso, que me dijeran que mi hija era sorda profunda de ambos oídos. Es un estado de desconcierto y embotamiento, caracterizado por la presencia de conductas automáticas y la incapacidad de aceptar la realidad. Dicen que en estos primeros momentos hay personas que actúan como si no hubiera ocurrido nada, aparentando ante los demás que aceptan plenamente la situación. En otros casos, encontramos a personas que se paralizan y permanecen inmóviles e inaccesibles. Ese segundo caso fue el mío, ya que me quedé como bloqueada y aislada del mundo.

Los profesionales dicen que, en esta etapa, buscas un estado como de protección que te sirve para dar tiempo y asumir la información recibida y puede durar horas o incluso algunos días.

En el caso de Javier, este estado duró horas porque recuerdo que esa misma noche, o la mañana siguiente, ya le había cambiado la expresión de la cara y su mente pensaba de una manera clara y ordenada, cosa que ayudó mucho en este proceso. No es que él actuara como si no hubiera ocurrido nada, en absoluto, sino que realmente asumió la situación y comprendió que era algo que no se iba a solucionar solo.

En mi caso, la fase de negación duró unos días, no recuerdo si una semana o dos, pero fue más larga, con diferencia, respecto a la de Javier. Para mí esos días fue como vivir en una burbuja, aislada del mundo, sin motivaciones para nada, sin energía. Sentía mucha pena por mi hija, estaba constantemente compadeciéndome de ella, la expresión "pobrecita" me seguía constantemente. A la vez, sentía culpa de no haberme dado cuenta antes de lo que le ocurría, y eso me hacía pensar que era una mala madre.

Durante ese tiempo no hacía más que pensar en mi embarazo, en las preguntas que me realizó la doctora en la consulta para poder buscar una causa. Quería saber el porqué de todo esto. No hablaba mucho, no dormía prácticamente nada, no dejaba de observar a mi hija y de pensar: "Ojalá todo sea un sueño y me despierte aliviada".

Vivía en un estado constante de tristeza, dolor, pena, bloqueo mental, físico... Me sentía como en estado vegetativo. Comía porque había que hacerlo, pero comía menos. Me acostaba por las noches, pero no dormía, mi cabeza era incapaz de centrarse en un pensamiento bonito, esperanzador u optimista.

Fueron días donde me cargué de energía muy negativa que iba mermándome. Fueron días en los que Javier fue pieza clave en muchos aspectos, pero sobre todo para hacerme ver cosas desde otro prisma y reaccionar, hacer que empezara a andar con él en todo este proceso.

Teníamos dos opciones, expuso Javier: quedarnos lamentándonos buscando una explicación, un porqué, buscar la causa que le había producido la sordera a nuestra hija; o empezar a buscar la solución y las vías que nos ayudaran a darle a nuestra hija una vida lo más normal posible, dentro de sus dificultades.

–Loles, tú eliges –me dijo Javier–. Pero si decides quedarte en el mismo sitio para volver atrás a buscar una causa recorrerás ese camino tú sola, porque yo he decidido, y tengo muy claro, que voy a buscar soluciones. Las causas no me importan, esto es irreversible, lo más importante es saber cuál o cuáles son las posibles soluciones. Es lo mejor que podemos dar a nuestra hija.

Él lo tenía muy claro, y lo tuvo claro pocas horas después de recibir la noticia, porque mientras yo estaba durante esos días llorando por los rincones, tumbada en la cama o en el sofá compadeciéndome, él se encargó de documentarse y de trazar un mapa que nos fuera guiando. Un mapa sencillo, en el que sólo se indicaba un siguiente paso, no todo un recorrido. Pequeños pasitos que nos fueran desvelando cosas y dando información para poder tomar la siguiente decisión o dar el siguiente paso.

El primer paso nos lo dio la doctora Úbeda en su consulta:

–Llamad a la doctora Elvira Mencheta. Decid que vais de mi parte, y entregadle este informe.

La doctora Mencheta es una reputada audioprotesista, que tiene su consulta en Valencia. Su trabajo iba a ser valorar qué solución técnica sería la que podría ayudar a Aitana.

Fue entonces cuando reaccioné un poco y empecé a salir de ese estado de "bloqueo" o shock. Justo el día en que Javier y yo empezamos juntos este camino, el momento en que comencé a moverme para darle a mi hija una vida lo más plena posible y con la mayor cantidad de recursos y herramientas que estuvieran a mi alcance.

Algunas de las sensaciones físicas y psicológicas que sentí en esta fase fueron:
- *Insomnio*
- *Falta de apetito*
- *Diarreas*
- *Dolores musculares*
- *Apatía*
- *Rechazo a relaciones sociales y familiares*
- *Miedo a quedarme sola en casa*
- *Pesadillas*

En esta fase tuvimos que comunicar a nuestros familiares y amigos más cercanos lo que había ocurrido. No fue nada fácil reproducir esas frases. En nuestro caso, lo hizo Javier. Yo me sentía totalmente incapacitada para asumir esa responsabilidad.

Hubo reacciones de todo tipo, desde las más dramáticas hasta las más surrealistas.

A mis padres les afectó muchísimo la noticia. Para ellos era una gran desgracia —tener a una nieta sorda era de lo peor que les había pasado en la vida—. Pero supieron aguantar el tipo, supieron darnos el apoyo que necesitábamos, pusieron todos sus medios a nuestro alcance y, a fecha de hoy, lo siguen haciendo. Nunca podremos agradecerles lo suficiente todo lo que nos han dado en estos tres años.

Mi hermana, cuñados, amigos y otros familiares, reaccionaron de diferentes maneras. Algunos lloraron sin esconderse, cosa que, la verdad, no ayudaba mucho, pero entendíamos que lo hicieran. Otros trataban de darnos ánimos como si nada ocurriera, algo que tampoco ayudaba. En realidad, para mí, pocas reacciones ayudaban porque vivía pendiente de recibir lo que yo esperaba, error del que ahora me doy cuenta.

No podemos, o no debemos, vivir a la espera de que la gente reaccione como lo haríamos nosotros porque cada uno de nosotros es un ser totalmente único e irrepetible, y el esperar algo que no llega en un momento de extrema necesidad, puede convertirse en algo muy frustrante. Yo sentí esa frustración durante muchos meses, y no os podéis imaginar lo que llega a angustiar eso. Pero hoy sé que fue un error por mi parte.

Recuerdo escuchar muchos comentarios por aquel entonces que me resultaron totalmente hirientes, no por los comentarios en sí, sino por cómo me los tomaba yo. Comentarios del tipo: "Eso no es nada, no es un mal de morir", "siempre os quedará la lengua de signos"; o el que más daño, sin lugar a dudas, me hizo: "Dios a veces nos castiga trayendo al mundo hijos con problemas y tenemos que vivir con ello". Así tal cual lo soltó una persona cercana a nosotros y tan ancha se quedó.

En las reuniones familiares o sociales era inevitable que le gente observara a Aitana, más que nunca. La gente le hacía un chequeo cada dos por tres y, en muchas ocasiones, vimos muchas caras de pena y compasión hacia ella.

Como algo anecdótico quiero contaros que, de repente, todo el mundo empezó a hablarle en un tono de voz mucho más alto, vamos, yo diría que le gritaban y, a la vez, todo el mundo empezó a hablarle más lento. En esos momentos a mí me sentaba fatal, porque parecía que en vez de hablarle a un sordo le hablaban "a un tonto". De todos modos, de nada servía elevar el tono de la voz, ya que ni con un megáfono Aitana era capaz de escuchar nada.

Tras esta fase de negación, en la que fui rescatada por las palabras que me dijo Javier, comenzó la siguiente fase, la del enfado.

2. Fase de Enfado

Es un estado de ira por no poder evitar la pérdida de alguien o lo que le sucede a alguien (enfermedad o similar). Se buscan razones causales y culpabilidad. Podemos sentir falta de seguridad y baja autoestima, e incluso enfadarnos con aquellas personas a las que consideramos responsables de la pérdida o el problema. Suelen aparecer también sentimientos de injusticia y desamparo junto con problemas como insomnio, pesadillas o sueño no reparador.

En este momento podemos sentirnos con menos capacidad de concentración y tener pérdidas de memoria. Nuestro apetito en general también se ve afectado y nos resulta muy difícil disfrutar de las actividades cotidianas.

Para situaros en el tiempo, esta fase comenzó a las dos semanas de recibir el diagnóstico. Había gente a la que no habíamos informado de lo ocurrido, pero como en todos los pueblos, y nosotros vivimos en uno pequeño, las noticias corren como la pólvora y prácticamente estaba todo el mundo informado.

Fue una etapa muy complicada porque la gente, con toda la buena intención del mundo, venía a preguntarnos por nuestra hija, a darnos ánimos y a ofrecerse para ayudarnos. Yo pasé unas semanas sin prácticamente dejarme ver el pelo, ya que no tenía fuerzas para hablar con nadie, ni mucho menos para hablar de este tema. Estaba totalmente refugiada en Javier, con él hablaba a todas horas de esto, pero con la gente no podía, era superior a mis fuerzas. Y cuando en alguna ocasión no me quedaba otro remedio que hacerlo, nunca decía que mi hija era sorda, siempre decía que tenía problemas de audición. No podía pronunciar esa palabra y Javier tampoco, eso es algo que tuvimos en común, la incapacidad de pronunciar: "Aitana es sorda"; esto nos costó meses a ambos.

Recuerdo que durante unas semanas era Javier el que salía a pasear con Aitana, a hacer los recados, a jugar en el parque tal y como lo había hecho hasta entonces, pues debíamos seguir actuando con naturalidad por el bien de nuestra hija, ya que así nos lo dijo la doctora Úbeda. Yo me sentía fatal por no tener la fuerza de poder acompañarlo. Él hizo un papel muy importante, el de informar a los amigos y resto de papás que solían reunirse en los parques a los que íbamos con Aitana, el de pedirles que por favor siguieran tratando a Aitana de la misma forma que habían hecho hasta ese momento, y sé que en alguna ocasión pidió que a mí no se me preguntara acerca del tema porque estaba bastante afectada.

Los pocos días que les acompañé a pasear, a comprar, a desayunar a la cafetería los fines de semana o a jugar en los columpios, tuve que regresar a casa al poco rato porque yo sólo veía miradas de compasión, sentía que éramos el centro de atención de todo el parque, notaba acercamientos por parte de gente donde nunca los había habido. Hoy sé que gran parte de lo que sentía era fruto de mi imaginación, debido a una obsesión que tenía por aquel entonces, debido a que me sentía la más desgraciada del mundo por tener a una hija sana, pero sorda.

En esa etapa fue cuando informamos en la guardería del problema de Aitana. Al principio nos daba un poco de miedo las reacciones de las cuidadoras y de la directora del centro. Pensábamos que quizá pudieran ponernos alguna pega, ya que Aitana iba a requerir unas atenciones especiales, pero nada de eso ocurrió. Al contrario, nos ayudaron en todo lo que estuvo en sus manos e incluso nos dijeron que para ellas sería una gran experiencia tener a una niña sorda en su centro. Estaremos toda la vida muy agradecidos a todas ellas.

Por aquel entonces, a mí me costaba horrores levantarme de la cama, es más, pasaba días enteros tumbada sin ni siquiera levantarme a trabajar. En esa etapa ocurrieron cambios muy significativos, como la decisión que tomamos Javier y yo de volcarnos totalmente en nuestra hija y aparcar nuestras vidas profesionales. Nos hicimos trabajadores por cuenta propia, lo que se conoce normalmente como autónomos, para poder trabajar desde casa. Esta ha sido una de las mejores decisiones que hemos tomado en nuestra vida.

Nos fue muy fácil tomar esa decisión, ya que ambos teníamos claro que nos necesitábamos mutuamente en todo este proceso y pensamos que, repartida la responsabilidad entre dos, el dolor y la angustia serían mucho más llevaderos, al igual que celebrar cualquier pequeño avance los dos juntos sería mucho más especial y reconfortante.

Hubo gente que no entendió cómo los dos renunciamos a nuestros trabajos, pero no nos importó en absoluto. Más tarde se dieron cuenta de que ha sido lo mejor que hemos hecho y hoy en día siguen felicitándonos por ello, cosa que de verdad es de agradecer. En este sentido, hemos sido unos afortunados, porque somos conscientes de que no todo el mundo puede hacerlo, pero Javier y yo, por nuestra formación y experiencia, pudimos hacernos consultores externos de empresas: Javier, consultor financiero, y yo, de marketing. La cosa no fue nada fácil al principio y más cuando alrededor de ti luce un halo de negatividad y pesimismo, pero poco a poco empezó a funcionar.

Concertamos una cita con la doctora Mencheta, el contacto que habíamos recibido por parte de la doctora Úbeda. Elvira Mencheta y su equipo fueron ángeles para nosotros. Cuando estuvimos en la consulta con el informe de Aitana, la atención y comprensión que nos brindó Elvira tuvieron un maravilloso efecto tranquilizador sobre nosotros. Ahora me doy cuenta de a cuántos padres desesperados recibe ella, y lo difícil que debe de ser gestionar todas esas emociones y preocupaciones. Pero ella, persona de gran experiencia, supo explicarnos el proceso y hablarnos de las muchas posibilidades existentes, y sobre todo del alto grado de éxito que se tenía cuando se trabajaba con niños sordos.

—¿Qué se entiende por éxito en estos casos, Elvira? —preguntó Javier.

—Que oiga. Que hable. Que se comunique como cualquier niño —respondió impasible, como dándolo por hecho.

Oí a Elvira y fue como ver aparecer el sol en un claro entre las nubes. Ese sol me calentaba y reconfortaba, aunque a sólo un metro Aitana estaba jugando en el suelo, gruñendo enfadada porque no era capaz de montar un pequeño puzle.

Nos explicó el proceso que íbamos a seguir con ella:

—En primer lugar, le harían una audiometría para volver a determinar la pérdida auditiva.

—Atendiendo a los resultados de la audiometría, programarían unos audífonos para Aitana y, a lo largo de los siguientes tres meses, volveríamos repetidas veces para repetir la audiometría y afinar la programación de los audífonos.

—Mientras tanto, y con su referencia, teníamos que ponernos en contacto con el IVAF (Instituto Valenciano de Audiofonología), para que Aitana comenzara su trabajo de estimulación temprana.

–Pasados los tres meses con audífonos, se valoraría el resultado. Si este era bueno, Aitana sería, por el momento, una usuaria de audífonos. Si el resultado no era bueno, habría que solicitar la entrada de Aitana en el proceso de recibir unos implantes cocleares.

Elvira, con buen criterio, no quiso explicarnos más de lo necesario. Ella fue la que nos inculcó la forma de pensar de que esto era una carrera de fondo y que había que ir paso a paso. Por tanto, de nada servía preocuparse por el tercer paso si aún no habíamos dado el primero.

En esa misma visita, Aitana realizó su primera audiometría. Era lo que Elvira y su equipo llamaba una "audiometría subjetiva", es decir, como no se podía esperar la colaboración de una niña tan pequeña, el objetivo era exponerla a "pitidos" y observar detenidamente si había alguna reacción por su parte.

El resultado fue el esperado: ninguna reacción. Así que con esos datos comenzarían a adaptarle unos audífonos, y nos dio cita para un par de semanas después.

Mientras tanto, mi duelo seguía, inmersa en plena fase de enfado. Pero me di cuenta de que era compatible proseguir mi duelo con comenzar a dar los pasos para ayudar a Aitana. Además, haber comenzado el proceso suponía una actividad, una forma de llenar mis pensamientos, una manera de moverme. Y eso volvía a encender una pequeña chispa en mí.

No sabría cómo diferenciar las sensaciones físicas y las emociones de esta etapa con respecto a la anterior, pues muchas de ellas son comunes a ambas, a la de la negación y a la del enfado:

- Seguían las pesadillas, pero esta vez estaban relacionadas con la muerte, de mi hija o de Javier, las dos personas más importantes en mi vida. La muerte de las personas que más necesitaba en ese momento.

- Me sentía totalmente irascible, saltaba a la mínima. Vivía constantemente enfadada con el mundo. Cualquier comentario me sentaba fatal.
- Comencé a padecer ansiedad que somatizaba en forma de palpitaciones, sensación de ahogo, intranquilidad.
- Empecé a morderme las uñas.
- Aumenté el consumo de tabaco.
- Seguía sin mucho apetito.
- Mis diarreas iban reduciéndose,, pero todavía había días que no podía separarme de la taza de váter.
- Vivía en un constante estado de sentirme observada y sentía que la gente se compadecía de mí, que daba pena.
- Me molestaba que la gente se acercara a mi hija, que le hablara, que le gritara con la esperanza de que ella pudiera oírles.
- Comenzaron mis fobias a espacios llenos de gente. No podía soportar ir a un sitio de multitudes: centros comerciales o similares. Cogí un miedo terrible a perder a mi hija, a que se despistara, aunque fuera a dos metros de mí, porque sabía que si la llamaba no me iba a escuchar y porque si alguien la encontraba perdida ella no iba a poder dar señas de sus papás.

3. Fase de Negociación

Se trata de negociar consigo mismo o con el entorno, entendiendo los pros y los contras de la pérdida o el problema. Se intenta buscar una solución a la pérdida o problema.

En esta fase es cuando comencé a salir de una forma mucho más firme de esa burbuja en la que llevaba metida un par de meses. Empecé a tener más relaciones sociales, a pasear con Aitana y Javier, a acudir al parque a la salida de la guardería... en definitiva, a volver a mi vida más o menos normal.

Me di cuenta de que necesitaba recuperarme, recuperar a esa Loles que era antes de recibir la noticia del diagnóstico médico. Necesitaba ser espontánea como siempre lo había sido, creativa, analítica, soñadora… Necesitaba, en última instancia, volver a sentirme viva, porque sabía que, aparte de que para mí sería un punto de inflexión, mi hija me necesitaba así, a esa Loles en esencia, no a la que iba y venía por pura inercia, deambulando como alma en pena.

Estaba segura de que si volvía a recuperarme, todo sería también mucho más fácil para mis padres, familiares y amigos. Ellos, en especial mis padres, me veían sufrir muchísimo y eso les dolía en el alma.

De entre todas las conversaciones que tenía con mi madre por aquella época, en todas ellas me decía:

—Hija, tú llora todo lo que necesites, no te lo guardes, desahógate, que no es bueno que dejes todo eso dentro. Es normal que haya días que necesites llorar, hazlo libremente y, si no quieres que nadie te vea, hazlo a solas, pero hazlo.

Y así lo hacía. Lloraba en la ducha, cuando estaba en casa sola y, a veces, delante de Javier; incluso algunas veces delante de mis padres, hasta el día en que ocurrió algo que para mí fue muy clarificador.

Era un domingo y, como de costumbre, íbamos a comer a casa de mis padres. Lógicamente, el tema de conversación giraba en torno a Aitana, a sus terapias, a su posible solución y a cualquier cuestión relacionada con todo ello. Como siempre he sido de lágrima fácil, para mí era muy difícil contener las lágrimas, así que empecé a llorar. Mi madre llevaba mal verme así, pero aguantaba el tirón; sin embargo, mi padre era incapaz de verme en ese estado y su actitud era dura hacia mí:

—¿Otra vez llorando? —solía decirme—. Tienes que empezar a aceptarlo, hija, no llores más que eso no soluciona nada.

Y yo lo sabía, pero sí beneficiaba a mi estado. Me descargaba, y el que yo estuviera más descargada sí aportaba, así que, indirectamente, llorar era bueno para mí. Mi padre continuó su argumento, de una forma más severa hacia mí, incluso autoritaria:

–Haz el favor de no volver a llorar, ya está bien. No quiero verte llorar más y menos delante de mí, ¿me has oído? –me dijo.

Me quedé paralizada mirándolo como buscando una explicación a esa actitud. No sé si él se dio cuenta porque no hubo explicación verbal, tampoco me fue necesaria. Me di cuenta de que mi padre no había aceptado que mi hija, su nieta, fuera sorda y que llevaba mucho dolor y pena dentro. El verme llorar le destrozaba por dentro por varios motivos: porque no es plato de buen gusto para nadie ver sufrir a un hijo; y porque si yo lloraba, él se venía abajo. Pero su forma de ser no le permitía que los demás le vieran vulnerable o débil, así que la mejor forma de mantenerse intacto o entero era pidiéndome "egoístamente" que yo no llorara delante de él.

Esa noche cuando llegamos a casa, Javier y yo hablamos sobre esa reacción de mi padre hacia mis lloros y no nos hizo falta decir mucho, él también se había dado cuenta. Desde ese día traté de no llorar lo más mínimo delante de mi padre, para eso me refugiaba sola, o con Javier y mi madre.

Fue en esta fase también cuando descubrí que necesitaba realizar alguna actividad física que me permitiera oxigenarme, desahogarme, gritar, llorar o todo aquello que me supusiera una descarga de mal rollo y tensión. Yo solía acudir al gimnasio a hacer spinning, step, pilates o elíptica, pero en ese momento el cuerpo me pedía hacer algo a solas y a ser posible al aire libre, así que decidí empezar a correr. Las primeras semanas fueron horribles, no duraba más de diez minutos, pero era tan gratificante que decidí seguir haciéndolo hasta que conseguí combatir las horribles agujetas y la fatiga.

Cada vez que salía a correr aprovechaba para llorar, lo necesitaba tanto y soltar toda esa rabia que llevaba dentro. Conseguí sentir que mi momento fuera ese, cuando salía de casa para correr. Volvía nueva –Javier lo notaba– y luego pasaba unas horas bastante bien, animada, con ganas de trabajar y de entablar conversación.

El deporte fue un punto de inflexión para mí en todo este proceso, me revitalizaba de tal forma que era capaz de pasar el día de la mejor forma posible. Trataba de correr tres o cuatro veces a la semana, aunque fuera como mucho media hora.

Había negociado conmigo misma, había visto que quedaba mucho camino por recorrer. Pero eso tenía algo muy positivo: había camino. Y sobre todo me di cuenta de que el mundo seguía girando, que no se había detenido porque mi hija fuera sorda. Veía una luz al final del túnel, volvía a respirar, y no podía fallarle a Aitana en este camino.

4. Fase de dolor emocional

Dicen los psicólogos que en esta fase es cuando se experimenta tristeza por la pérdida o por el problema, pero yo creo que sentí tristeza desde el momento cero. Es aquí cuando pueden llegar a sucederse episodios depresivos que deberían ceder con el tiempo.

Contactamos con el IVAF (Instituto Valenciano de Audiofonología), tal y como nos había indicado Elvira Mencheta. En una primera llamada telefónica, nos explicaron cuál era el trabajo que realizaban en el centro, así como su funcionamiento.

El IVAF es una institución perteneciente a la Diputación de Valencia. Allí realizan los trabajos de estimulación temprana con niños que han sido diagnosticados de pérdidas auditivas y, por tanto, ni oyen ni hablan. Los niños con problemas auditivos pueden acudir a este centro hasta que comienza su escolarización, es decir, hasta que comienzan Educación Infantil, a los tres años. El centro es completamente gratuito y a cada niño se le asigna un logopeda con quien tendrá varias sesiones semanales de 45 minutos. El número de sesiones depende del criterio del profesional logopédico y de las necesidades de cada niño.

Nos citaron para el primer paso: una entrevista con el Gabinete Psicológico del centro, que, evaluando los informes médicos de Aitana y con una serie de pruebas, determinaría si era candidata a entrar en el programa del IVAF. Si la admitían, siendo noviembre de 2010, podría estar en el IVAF hasta junio de 2012, es decir, casi dos cursos completos, lo que sería un magnífico período de aprendizaje y estimulación para Aitana.

El primer día en el IVAF nos hicieron una entrevista en profundidad solicitando informes médicos, audiometrías realizadas hasta la fecha y todo tipo de preguntas referidas a pruebas subjetivas, como comportamiento de Aitana frente a diferentes situaciones, posibles problemas en el embarazo… y al final de la entrevista, un psicólogo realizó varias pruebas a Aitana para corroborar que su problema era sólo hipoacusia (sordera) y no había otros asociados, como por ejemplo autismo o algún tipo de déficit de atención.

Siempre nos han dicho que un niño con sordera tiende a aislarse y a no comprender lo que ocurre a su alrededor, y que, en casos extremos, puede llevar incluso a comportamientos característicos del autismo. Por ello, debíamos tratar de evitar posibles aislamientos de Aitana ante situaciones incomprensibles para ella o en las que no se pudiera comunicar.

A los pocos días, nos llamaron para comunicarnos que Aitana entraba dentro del programa del IVAF y que Ana Oltra sería su logopeda. Ella se pondría en contacto con nosotros para la primera sesión, donde se establecerían las pautas de trabajo.

Y a partir de ahí, otro ángel entró en nuestras vidas: Ana Oltra, la logopeda que nos asignó el IVAF, una profesional curtida en mil batallas, con cientos de casos de niños sordos a sus espaldas y con una entrega fuera de lo corriente.

Aitana y ella conectaron de inmediato, y nosotros siempre hemos pensado que, desde el primer día, Ana Oltra advirtió lo mucho que podía sacarle a Aitana y que ella iba a responder a toda la carga de trabajo.

Las sesiones en el IVAF eran de 45 minutos, pues más tiempo los niños llegan a agotarse. Ana Oltra trabajaba con Aitana sobre todo para que ella fuera capaz de detectar el sonido aun no escuchándolo, pues el sonido provoca vibraciones y la onda expansiva produce aire en movimiento.

Otra de las actividades que Ana Oltra hacía con Aitana consistía en trabajos de clasificación por formas y colores para estimularla cognitivamente, pero el gran reto para Ana era conseguir desmutizar a Aitana porque, aparte de llegar a sus manos sorda profunda, llegó muda.

Ana trabajaba con Aitana con un vibrador y un micro: hablaba al micro que iba conectado a un vibrador y este vibrador se lo colocaba en la pierna, por dentro del calcetín, de tal forma que cada vez que había sonido (habla, el ruido de un tambor...) a Aitana le llegara vibración a través de este aparato.

A Javier y a mí nos hubiera encantado tener uno de esos chismes en casa, pero el precio era prohibitivo.

El proceso de desmutización es el procedimiento por el cual la persona emite sonidos conscientes de forma voluntaria. En un niño sordo, es un proceso muy complicado, porque este no se escucha. Para ello, hay que realizar dos entrenamientos previos: por un lado, concienciar de la existencia de un entorno sonoro; y por el otro, percibir e interiorizar las propias habilidades fonatorias.

La desmutización de Aitana la llevó a cabo Ana, con nuestra colaboración en casa, a través de juegos de contacto: cosquillas, palmadas, juego de la oca, etc., todo ello para conseguir que riera, tosiera o emitiera cualquier sonido, a fin de, partiendo de ese punto, lograr el aprendizaje del mundo sonoro.

En realidad nuestro objetivo era hacer a Aitana consciente de un mundo sonoro y de que ella era capaz de producir sonidos. Realizamos también actividades a través de juegos: psicomotricidad con pelotas, aros, colchoneta, caballito de madera, con instrumentos para trabajar el ritmo, así como los conceptos básicos de (fuerte-suave; largo-corto; ruido-silencio; rápido-lento, etc.) a través de la vibración de los instrumentos y los movimientos de todo el cuerpo.

Fueron meses muy duros, porque Aitana no hacía sonido alguno, sólo cuando lloraba, bostezaba o gritaba de dolor. Llegó el día en que ella fue consciente de que la garganta (cuello) vibraba cuando alguien hablaba (para ella nuestra habla era mover la boca) y trataba de imitarnos haciendo fuerza para que le vibrara a ella también.

Pasamos muchas horas con su mano en nuestra garganta hablándole, cantando, haciendo cualquier sonido para que nos imitara y, finalmente, un día salió un sonido espantoso de su boca que nos supo a música celestial.

Creo que esa fue una de las primeras celebraciones que hicimos Javier y yo, lloramos de la emoción, nuestra hija había emitido sonido, un sonido horrible, como el de una hiena, pero era sonido.

Durante esos diez meses de trabajo en el IVAF con su logopeda Ana Oltra, Aitana consiguió una muy buena estimulación. Ana emitía informes periódicos al gabinete de psicología del centro y filmaba algunas de las sesiones para ir viendo la evolución.

Aproximadamente al mes de comenzar el IVAF, la doctora Mencheta nos llamó para poner los audífonos que habían preparado para Aitana. Fue un momento clave para nosotros, era la hora de despejar una incógnita. Si a Aitana le ayudaban los audífonos, ese día sería la primera vez que escuchara mi voz. Podría saber cómo le hablaba, cómo era la voz de una madre con su hija, podría oírme cantar y podría contarle historias. Además, Elvira Mencheta nos había preparado los audífonos más avanzados para niños que, además, nos dejaba probar sin ningún tipo de compromiso.

Nuestra ilusión duró menos de un minuto. Lo que tardaron en colocárselos y ver que no había ningún tipo de reacción.

Elvira, con toda su profesionalidad y cercanía, nos dijo que se los teníamos que dejar puestos, que Aitana se adaptara a ellos y que, en las sucesivas audiometrías y programaciones, seguirían trabajando con ella y sus audífonos para ver si había algún resultado.

Pero, lamentablemente, ya había aprendido un poco sobre la sordera de mi hija. Sabía que no iba a haber ninguna mejoría. Otra batalla perdida.

Esa etapa, previa a las Navidades de 2010, nos trajo dos realidades. Por un lado, comenzamos a conocer a otros padres de niños sordos y a conocer otras historias similares reflejadas en otras familias, gracias a que coincidíamos en la sala de espera del IVAF.

El poder hablar con otros padres que se encuentran con el mismo problema nos ayudó muchísimo, porque ellos realmente sí saben ponerse en tu piel, sí saben escucharte, sí saben lo que se te pasa por la cabeza, sí pueden anticiparte el futuro y orientarte en todo aquello que ni un amigo ni un familiar puede. El conocer a otras familias con niños discapacitados nos hizo darnos cuenta de que teníamos mucha suerte, pues la sordera en muchas ocasiones es consecuencia de otros problemas asociados, como síndrome de Down, parálisis cerebral… y por muy injusto que sea, es inevitable a veces buscar el consuelo en los problemas de otros. Esto es algo que me duele decirlo y pensarlo, pero la naturaleza humana es muy tendente a la comparación y, en muchas ocasiones, y sin hacerlo de una manera malintencionada, nos comparamos con otras personas para buscar un alivio, una válvula de escape o simplemente para tratar de reducir nuestra angustia.

Por otro lado, el hecho de tener que asistir tres días a la semana con Aitana, a las ocho y media de la mañana, a su sesión del IVAF supuso para nosotros muchas cosas que tuvimos que ir gestionando, como por ejemplo:

– Una media de entre dos y tres horas menos de trabajo los días que íbamos a estimulación temprana, con lo que teníamos que adaptar nuestra carga de trabajo a ese tiempo de menos o trabajar por las noches o algún rato los fines de semana. Al ser autónomos, no tuvimos ningún problema con esto.

– Un gasto extra en gasolina y desgaste de coche con el que no contábamos.

– Había días que íbamos de Canet d´en Berenguer (donde vivimos) a Valencia para asistir a la terapia. Al acabar, volvíamos a dejar a Aitana en la guardería y volvíamos a Valencia a alguna reunión. Dos viajes a Valencia en el mismo día e incluso algunos días tres, porque Javier bajaba dos tardes por semana a ver a Alejandro, su hijo, que vive allí con su mamá.

Una carga de trabajo extra, para nosotros y para Aitana en casa, porque por las tardes siempre tratábamos de trabajar con ella siguiendo las pautas que nos daba Ana Oltra.

Y en todo este proceso, ahí iba Aitana con sus audífonos, que disciplinadamente le poníamos todas las mañanas. Inevitablemente, cada poco tiempo, Aitana y yo nos mirábamos y yo señalaba mis orejas, preguntándole: "¿Escuchas algo?". A lo que ella ponía una gran sonrisa, tocaba sus orejas y movía la boca, imitando todo lo que había visto en mí.

El apoyo de los amigos en esta fase se me hizo más que necesario, y este es otro de los puntos de inflexión en los que me he encontrado durante estos años.

Por circunstancias, mis amigas, mis mejores amigas excepto una de ellas, se encuentran a muchos kilómetros de distancia de mí. Pero gracias a las nuevas tecnologías, y en especial a redes sociales y videoconferencias, las pude sentir muy cerca en los momentos más difíciles. Eso sí, siempre me faltó al abrazo, el beso… el tacto. A Nati, una de ellas, sí que la tenía a mi lado, pero con ella trataba que nuestros encuentros no fueran monotemáticos porque, ella es una persona que hace suyos los problemas de los demás, se entrega totalmente, lo que le produce un gran desgaste ante problemas de la gente que quiere. Yo en ella buscaba, más que un desahogo o alguien con quien llorar, su chispa, su capacidad para contar historias y hacer que los demás no paremos de reír, escuchar sus relatos, sus anécdotas vividas a diario en su trabajo, su espontaneidad. Sí, hubo días en que fue mi hombro, mi alma, mi todo, pero como comento, traté por todos los medios de que fueran los mínimos. En ella buscaba "olvidar", aunque fuera durante lo que dura una comida o una cena, mi día a día con una niña sorda. Ella siempre estuvo ahí, como siempre lo ha estado. Es una de esas amistades que, aunque pases meses sin hablar o sin verte, cuando vuelves a contactar es como si hiciera horas que hubieras hablado con ella. Eso es lo que yo considero la verdadera amistad y además, algo muy importante, sabe escuchar.

Y esto último, el saber escuchar, es lo que yo eché en falta en otras personas, y eso fue lo que a mí me fue haciendo distanciarme de ellas, porque yo necesitaba, más que nunca, comprensión, y para comprender hay que escuchar y hacerlo activamente. No sé si fui egoísta al hacer eso, pero necesitaba hacerlo. A veces la distancia no la marcan los metros, sino la actitud hacia las personas. Cuando digo que me distancié no significa que dejara de ver a estas personas. A algunas sí dejé de verlas y hacia otras, simplemente, cambié mi forma de pensar y actuar.

Con el tiempo me he dado cuenta de que a veces esperamos de todas las personas lo mismo que daríamos o haríamos nosotros y eso es un gran error que nos produce mucha frustración. Cada persona es como es, y lo que para ellos puede llegar a ser darlo todo, para nosotros puede ser insuficiente y, por eso, hay que medir a cada uno en su justa medida y no con el mismo rasero.

En esta etapa, como en la anterior, Javier seguía estando muy centrado en la búsqueda imparable de la posible solución, no a la sordera, que sabíamos que era irreversible, sino a la solución técnica o material que ayudara a nuestra hija a tener una vida lo más normalizada posible.

Asistíamos juntos a las terapias, trabajábamos juntos en casa con Aitana, paseábamos los tres los fines de semana, en definitiva, éramos un equipo completamente coordinado y volcado en este proyecto, el de darle lo mejor a nuestra hija.

Ya lo comentaba anteriormente, él fue el que se mantuvo con la mente fría, centrado y enfocado en todo momento, a mí había que ir rescatándome de los baches que me hacían caer de vez en cuando.

El contacto con otros padres me hacía ver lo diferente que era cada caso: Algunos de ellos nos daban muchas esperanza; sin embargo, otros me hundían un poquito más. ¿Qué pasaría con Aitana?, ¿hasta dónde sería capaz de avanzar? Todas esas dudas eran las que provocaban ese dolor emocional, donde sabes que el problema está ahí, que te lamentas por él, pero sabes que hay que trabajar, que no puedes quedarte en el sillón. El problema es que desconoces los resultados que va a dar ese trabajo. No sabes si va a valer la pena el esfuerzo o si la caída será más grande, porque cada vez subíamos más.

Algunas de las recomendaciones que doy a padres que estén en esta fase y estén trabajando con sus hijos son:

1. Que no dejen de hablarles y cantarles, aunque sepan que sus hijos no les oyen.

2. Que se apoyen de muchas imágenes porque para los niños en esta fase es vital poder asociar una imagen con una acción, lugar, sentimiento.

3. Que sean muy expresivos, que gesticulen mucho.

4. Que no les hablen con gafas de sol puestas, pues la expresión de los ojos para los niños sordos tiene mucha información.

5. Que les ayuden a integrarse en juegos que otros niños estén practicando, por ejemplo, en un parque, y que eviten que sus hijos se aíslen por no comprender las reglas.

6. Que sigan las pautas que seguirían si su hijo no fuera sordo. Por ejemplo, a nosotros en esa época nos tocaba quitarle el pañal a Aitana y lo hicimos. Para explicarle y motivarle lo hacíamos a través de imágenes (orinal vacío, orinal lleno; carita triste, carita contenta; alguna chuche o chocolatina).

7. Que coloquen en determinados sitios de la casa imágenes para explicar normas de convivencia. Por ejemplo, en el baño teníamos imágenes de niños cepillándose los dientes, peinándose, lavándose las manos y, justo al lado, caritas contentas. En su habitación, teníamos una foto de una habitación desordenada y, al lado, una carita triste, u otra de una habitación ordenada y, al lado, carita contenta.

8. Que le lean libros y cuentos, que vean películas junto a ellos y que traten de expresar con gestos lo que está ocurriendo en la historia.

9. Que anticipen lo que va a pasar a través de imágenes para evitar rabietas. Por ejemplo, cuando Aitana estaba jugando y la cogíamos para ir a la guardería, se enfadaba muchísimo, ya que no sabía por qué cortábamos su momento de juego.

Cuando le mostrábamos una foto de su clase de la guardería y después la cogíamos, evitábamos esos enfados.

10. Que si por las noches dan patadas a la cuna o la cama, si encienden la luz, tiran los peluches o chupetes al suelo... que comprendan que es su forma de llamarnos, ya que la mayoría no puede hacerlo por el habla.

11. Que no se vuelvan locos pensando que parece que su hijo a veces oye y otras no. Que hagan caso de las pruebas objetivas, de las pruebas médicas. A nosotros nos ocurrió en muchas ocasiones y nos confundía porque no sabíamos si Aitana escuchaba, si escuchaba ciertas frecuencias y otras no. Por ejemplo, si yo conectaba la batidora para hacerle la papilla y ella estaba en la cocina apoyada en uno de los armarios, se giraba. Yo pensaba que oía la batidora, pero no, lo que sentía era la vibración que recorría el banco de la cocina y los armarios bajeros hasta donde estaba ella apoyada. O por ejemplo, si ella estaba sentada en el suelo y yo me acercaba a ella llamándola, había veces que se giraba y era porque sentía en sus pies o en su trasero (si estaba sentada) la vibración de mis pasos.

Nuevas certezas

Hacia febrero de 2011, cuando Aitana tenía diecinueve mese
Elvira Mencheta constató que los audífonos no le daban ningun
ganancia. No puedo decir que me hundiera esa noticia. Era má
que esperada y, día a día, ya lo había constatado por mí misma. A
que pasamos al protocolo de los implantes cocleares. La propia E
vira Mencheta se puso en contacto con el Departamento de Otorr
nolaringología del Hospital Clínico de Valencia, que es el que no
corresponde por vivir en Canet d´en Berenguer. Ella nos consigui
una cita para diez días más tarde.

Nada más llegar a casa, Javier y yo nos dirigimos al doctor Go
gle para aprender un poco más sobre los implantes cocleares. Si n
conocéis lo que son, os recomiendo buscar alguna página web qu
hable sobre ellos, para que os hagáis una idea.

Básicamente es un oído artificial, que se compone de dos parte

– Una parte externa, muy parecida físicamente a un audífon
pero que incorpora en la parte de arriba un pequeño cable que te
mina en un imán con forma de disco un poco mayor que una m
neda de dos euros.

– Una parte interna, que se implanta dentro del cráneo y qu

toma el sonido que recoge la parte externa y lo traslada al oído interno.

Por tanto, el implante coclear requiere una operación, una operación en la cabeza. Eso es lo que me angustiaba, lo que me hacía rechazar esa solución. Y eso que ya había constatado que el implante coclear funciona, y además muy bien. Ya conocíamos casos de niños con implante coclear y los habíamos visto hablar, cantar, reír; y oír, sobre todo, oír. Entender lo que les preguntaban y responder con una voz maravillosa.

Lo cierto es que en aquella época era todo muy frustrante. Aitana no paraba de llorar, tenía rabietas a todas horas del día y esto hacía que nuestra paciencia llegara un momento que se agotara porque no sabíamos qué hacer. Estaba claro que así no podíamos seguir, necesitábamos activar, de alguna manera, un código de comunicación con nuestra hija. Un código simple que nos permitiera hacerle entender las cosas más básicas de la convivencia: comer, baño, dormir, jugar y poco más. Así de triste, con casi dos años de vida y ese era nuestro objetivo más ambicioso para con nuestra hija.

En nuestro caso, apoyados por los terapeutas de Aitana y echándole mucha imaginación, conseguimos crear un código de comunicación que nos permitía poder funcionar, más o menos, en las cosas más básicas. Ese código iba apoyado siempre por imágenes y por un lenguaje no verbal muy marcado. En año y medio gasté mucho dinero en cartuchos de tinta de impresora, hice fotos a todo lo que os podéis imaginar y utilicé el Power Point más que en toda mi vida.

Cada vez que necesitábamos decirle algo a Aitana, si con un gesto no podíamos expresarlo, le mostrábamos una imagen. Por ejemplo, si nos íbamos a casa de mis padres le mostrábamos la foto de nuestro coche y, a continuación, una foto de casa de mis padres. Si íbamos a salir de casa, le enseñábamos una foto del parque, de la playa o del supermercado, dependiendo del lugar a donde nos dirigiésemos. Si era la hora del baño, le enseñaba la foto de la bañera; si tocaba ir a dormir, le cogía su peluche de dormir… Yo siempre llevaba en el bolso una colección de imágenes plastificadas allá donde iba, porque de otra forma era muy complicado establecer comunicación entendible. Javier no lo llevaba, "arriesgaba" más que yo. Para mí era como un arma de defensa ante las rabietas de Aitana, mi frustración, mi angustia. Para mí, esas tarjetitas eran imprescindibles y lo fueron durante muchos meses.

En esa época, como ya he comentado antes, fue cuando comenzamos a entablar relación con otros padres de niños sordos. Y también fue la época en la que recibimos cierta presión por parte de algunas personas en que teníamos que aprender lengua de signos y nos tocó lidiar con muchos defensores acérrimos de esta lengua.

Javier y yo teníamos claro que, si nuestra hija tenía la mínima posibilidad de poder escuchar y de aprender a hablar, íbamos a apurar esas posibilidades antes de aprender la lengua de signos para comunicarnos con ella. Sabíamos que la rehabilitación de Aitana iba a ser muy dura para todos, sobre todo para ella, y necesitábamos que ella se esforzara para conseguir utilizar el lenguaje como vehículo de comunicación. Por ello, decidimos que, aunque costara más, ayudaríamos a nuestra hija con nuestro propio código de comunicación, el que comentaba anteriormente, apoyado en gestos (no propios de la lengua de signos) e imágenes. Pensando, además, que siempre estaríamos a tiempo de aprender esa lengua de signos. Actualmente, no sé si estábamos en lo cierto o equivocados. Jamás lo sabremos.

Acudimos a nuestra cita en el Hospital Clínico de Valencia, para que valoraran a Aitana como posible candidata a recibir un implante coclear.

Y allí conocimos a otras dos personas vitales en esta historia: las doctoras Pitarch y Latorre. Fueron quienes nos recibieron, estudiaron los informes que llevábamos y nos explicaron el proceso:

– En primer lugar, había que asegurarse de que los audífonos no le habían funcionado a Aitana. Y como así lo constataban los informes de la doctora Mencheta, no hubo duda en ello.

– Había que hacerle a Aitana una Tomografía Axial Computarizada (TAC) y una Resonancia Magnética. Esas pruebas determinarían si anatómicamente Aitana podía recibir un implante, había espacio para ubicarlo y había acceso a su oído interno.

– Y había que volver a hacer otros Potenciales Evocados para agregar al historial médico de ese hospital.

No quiero entrar en temas médicos, entre otras cosas porque no estoy capacitada. Lo único que puede ocurrir es que escriba una inexactitud que no ayudaría para nada a otros padres con niños a los que acaban de diagnosticar hipoacusia.

– Si la TAC y la Resonancia Magnética eran normales, Aitana entraría en la lista de espera de implante coclear. Y sería el equipo médico, una vez reunidas todas las pruebas, quien decidiría en qué oído recibiría el implante coclear; o si la situación así lo requería, recibir uno en cada oído.

Como anécdota, me encanta contar algo que ilustra perfectamente las capacidades que desarrollan los niños a los que les falta un sentido.

En esa visita al Hospital Clínico, las doctoras quisieron hacerle a Aitana una audiometría, para comprobar su nivel de hipoacusia de primera mano y realizarlas, además, con los equipos que allí tienen.

Fuimos con la doctora Latorre a una sala totalmente insonorizada, sentó a Aitana en una trona frente a ella. La doctora estaba sentada frente a una mesa desde donde accionaba los sonidos de la audiometría. Le mostró a Aitana, que estaba escasamente a un metro de dicha mesa, que cuando sonaba un pitido, justo detrás de ella se iluminaba un monitor donde aparecía un alegre conejito bailando. De ese modo, Aitana tenía que girarse si oía el pitido y así vería al simpático conejito bailando.

La doctora Latorre apretó un botón y se oyó un pitido. Instantáneamente, Aitana se giró para ver el conejito bailando. La doctora levantó una ceja y volvió a apretar para que el equipo emitiera un nuevo pitido. Y Aitana volvió a girarse.

–Pero esta niña sí que oye –dijo la doctora.

Nosotros nos mirábamos absolutamente extrañados. Y os aseguro que a aquellas alturas ya sabía lo que había, y el curarse de la sordera instantáneamente no era un milagro que pudiera producirse.

Volvió a accionar el botón y ocurrió lo mismo. Hasta que Javier dijo:

–No lo oye, doctora. La ve mover el dedo cuando aprieta el botón y, además, ha detectado cuánto tiempo pasa entre pulsación y pulsación, por lo que Aitana se gira simplemente al mirar lo que hace usted.

Así que la doctora Latorre cambió el procedimiento. Tapó su mano de la vista de Aitana y, esta vez, el tiempo entre pitido y pitido era diferente. Y la doctora constató que Aitana no oía absolutamente nada. Sin embargo, todos nos quedamos sorprendidos de la astucia de Aitana y del poco tiempo que había tardado en detectar el procedimiento de la audiometría. En ese momento, Aitana no tenía ni siquiera dos años, pero había sobredesarrollado su instinto, afilándolo de un modo increíble.

La doctora Latorre nos hizo los volantes necesarios para las pruebas médicas y seguimos todo el protocolo burocrático en el hospital, tal y como nos indicó.

Cada caso es distinto, e imagino que influirán múltiples factores, pero a mí la espera de las pruebas médicas se me hizo eterna. Desde que presentamos todos los papeles hasta que nos llamaron, pasó un mes y medio.

Por supuesto, no podían hacerle la TAC y la Resonancia Magnética el mismo día. Al ser Aitana tan pequeña, tenían que administrarle un tranquilizante muy suave, para que estuviera dormida durante la prueba. Pero he de reconocer que dormirla no fue tan estresante como cuando tuvimos que hacerlo, al principio de todo el proceso, para que le hicieran las pruebas de los Potenciales Evocados. Aquí le dieron unas maravillosas gotitas que la mantuvieron plácidamente dormida en ambas pruebas.

A las pruebas, que se llevaron una semana de diferencia, nos acompañó mi madre. Ella jugaba con Aitana mientras estábamos esperando a que fuera su turno para las pruebas. Después, la cogía en brazos cuando salía de las pruebas, aún dormida, y la iba despertando dulcemente. Mi madre, que ha estado a nuestro lado en todo momento, dispuesta a todo por darnos un rato de descanso, un poco de aire.

En abril de 2011, la doctora Latorre nos citó para analizar los resultados de la TAC y la Resonancia. Ya tenía asumido que la única solución para Aitana pasaba por el implante coclear, pero ahora quedaba despejar la duda de si era candidata a recibirlo, si se daban las condiciones para que pudieran operarla y ponérselo.

Acostumbrada a estos procedimientos, la doctora nos dijo, con toda la tranquilidad del mundo, que iban a operar a Aitana. Lo que para ella era una comunicación casi rutinaria, para mí fue otra muralla que cayó. No pude evitar llorar y volver a preguntarle. La doctora se dio cuenta de que esa noticia era un desahogo, un alivio, y empatizó completamente con mi reacción.

Además, nos explicó que iban a ponerle un implante en cada oído, es decir, iba a ser una operación bilateral. A la vista de las pruebas, Aitana necesitaba dos implantes y, por su edad y constitución, iba a poder aguantar la doble operación perfectamente.

Así que, de esa visita al Hospital Clínico, que era ya como nuestra segunda casa, salimos con la certeza de que iban a operar a Aitana, de que iba a recibir en breve la ayuda técnica que iba a hacer posible que oyera. Comenzaba a salir el sol por el horizonte.

La operación

Es increíble cómo algo tan deseado se puede volver en tu peor pesadilla. Así es como sentí yo los días previos a la operación de Aitana.

Nuestra vida continuaba igual. Visita al IVAF a primera hora de la mañana, después dejar a Aitana en la guardería y a trabajar las horas que me quedaban. Pero sabía que en breve iba a haber un punto de ruptura en esa rutina.

Llevábamos días esperando que sonara el teléfono y que la doctora Latorre, del Hospital Clínico de Valencia, nos dijera: "Ya tenemos fecha para implantar a Aitana". Y ese día efectivamente llegó. Días largos, precedidos de muchos meses de pruebas médicas, intrigas, esperas, sesiones de logopedia y estimulación temprana. Meses de pruebas hasta que, por fin, supimos que el implante coclear era la solución a la discapacidad de nuestra hija.

Recuerdo que fue una mañana del mes de mayo, recién celebrado el segundo cumpleaños de nuestra hija. Estábamos Javier y yo en casa trabajando, yo en el cuarto de la plancha y Javier en el comedor, como era habitual.

Javier cogió el teléfono y por su tono, y por las palabras entrecortadas, supuse que era la doctora la que estaba al otro lado. No me atreví a levantar el culo de la silla del despacho, aun intuyendo que quizá nos llamaba para darnos la fecha de la operación. Me

quedé allí, inmóvil, esperando a que Javier acabara su conversación. En esos dos escasos minutos que duró la conversación, se me pasaron por la cabeza millones de cosas.

Escuché la fecha y cómo Javier la confirmaba: 1 de junio, ese era el día. Faltaban dos semanas justas, sólo dos semanas. Después de todo el tiempo de espera, con sus días y sus noches, había llegado el momento, esta sí que era la cuenta atrás, la cuenta atrás que iba a cambiar nuestras vidas, sobre todo la de Aitana. Pero curiosamente, en ese momento, sentí una mezcla de alegría y miedo, muchísimo miedo.

El miedo que sentía no era en absoluto referente a si el implante coclear iba a funcionar o no, de eso estaba segura, funcionaría. El miedo que sentía en ese momento me lo producía el pensar que algo podía pasarle a mi hija en el quirófano. ¿Y si la anestesia le dejaba secuelas?, ¿y si sangraba más de lo esperado?, ¿y si no se despertaba? Esas y otras preguntas del estilo no paraban de bombardear mi cabeza. Y fueron unos minutos, lo que duró la llamada, pero ese bombardeo de preguntas y pensamientos negativos me llenaron de angustia, ansiedad y desasosiego, hasta el punto de plantearme si la operación sería la mejor solución.

Javier entró al despacho y como pudo, porque era un amasijo de nervios, me dijo que en dos semanas operarían a Aitana y me estuvo explicando las instrucciones que debíamos seguir durante esos casi quince días.

Cuando Javier me hubo contado con todo lujo de detalles aquella conversación, manteniendo el tipo como lo llevaba haciéndolo desde que nos dieron el diagnóstico, no pude evitar venirme abajo otra vez.

Javier pasó conmigo ese momento, como tantos otros, me abrazaba y me dejaba llorar, sabía que era lo que necesitaba. Siempre tuve la suerte de tenerlo a mi lado, y de tenerlo tal y como lo necesitaba, entero, con la mente centrada, poniendo calma en momentos de tempestades, diciendo las palabras necesarias en el momento oportuno, ni una más ni una menos, las justas. La manera en cómo argumentaba, cómo hacía las pausas para ver mis reacciones y reenfocar el tema, su capacidad de análisis y su santa paciencia fueron claves en todo este proceso.

Javier me dio en todo ese tiempo todo aquello que necesitaba y que no encontraba persona que me lo pudiera dar. En él canalicé casi toda mi angustia, ira, sentimiento de culpabilidad, frustración, miedos, desconciertos, impaciencia… todo.

La actitud de Javier hacía todo más fácil para todos, especialmente para mí. Lo que no imaginaba era que, detrás de ese hombre de hierro, había un corazón que estaba sufriendo casi más que yo todo este proceso, de eso me di cuenta más tarde, exactamente un año después.

Las instrucciones que la doctora dio a Javier en esa llamada eran las mismas que otros padres, que ya habían pasado por ahí, nos habían comentado en alguna ocasión. Eran pocas y sencillas: llevar a Aitana a la operación sin un solo moco y con el pelo corto. Para ser sincera, lo de los mocos nos lo habían contando muchos padres. Lo del pelo corto era la primera vez que lo oíamos.

Así de sencillo: cero mocos y pelo corto. El tema de los mocos era algo muy delicado, pues si veían que la niña tenía mucosidades, no la metían al quirófano y nos pondrían en una lista de espera de nuevo, por lo que no podíamos arriesgarnos en absoluto, dado que cada semana que pasaba sin oír, era una semana menos de estimulación auditiva para nuestra hija y una semana menos de trabajo de plasticidad cerebral.

La doctora le recomendó a Javier que durante esas dos semanas evitáramos llevarla a la guardería, foco de virus para todos los niños, pues cuando uno entra con gastroenteritis, al siguiente día causan baja tres, y así sucesivamente.

Y claro, ¿qué hacer para que tu hija no se constipe o incube un virus?, ¿meterla en una urna hasta el día "D" o hacer vida normal y que salga el sol por donde quiera?

En nuestro caso, habíamos escuchado muchas versiones de otros padres. Versiones del tipo "lo metimos en casa esos quince días y no salíamos en caso de no ser necesario" o versiones totalmente opuestas, como "hicimos vida normal, el niño/a al cole, nosotros al trabajo, los fines de semana al parque…". Los resultados eran los mismos, 50% de probabilidad de que se constipe metiéndolo en una urna y 50% de que se constipe haciendo vida normal.

Javier y yo estuvimos valorando seguir haciendo vida normal, lo que suponía llevar a Aitana a la guardería al menos durante una semana más y la siguiente, la última antes de la operación, valorar. Aitana siempre ha sido una niña muy sana, pocas veces se ha puesto enferma con fiebres altas. Creo que en sus dos añitos de vida, en ese momento, se había puesto mala un par de veces y nada grave, lo típico que con un poco de Apiretal, Dalsy y, alguna vez, Ventolín se va en unos días.

Así que hicimos lo acordado, de nueve de la mañana a cinco de la tarde, a la guardería, y por las tardes llevábamos a Aitana al parque, a la ludoteca o donde se terciara, pero siempre con el miedo de que no sudara en exceso por si se constipaba. Era inevitable.

Lo que os voy a contar parece anecdótico, pero nada más lejos de la realidad. Cuando estábamos en el parque y Aitana estaba jugando con varios niños y escuchábamos que alguno tosía o estornudaba, nuestras caras eran un poema porque, claro, no valía preguntarle a Aitana si había sido ella, por aquel entonces no valía. Ahora nos lo dice ella misma. Así que preguntábamos, como el que no quiere la cosa y en voz alta: "¿Quién ha sido?", por descartar que hubiera sido nuestra hija y por apartar a nuestra hija de ese pequeño portador de virus. Los niños no mienten, así que a la pregunta lanzada al aire siempre había un niño que decía una respuesta certera y eso nos tranquilizaba.

Lo del pelo corto, eso fue otra historia. Aunque parecía lo más sencillo, para mí fue algo que me dolió en el alma. A sus dos añitos Aitana tenía un pelo sedoso, castaño claro con unas preciosas mechas rubias y lleno de tirabuzones. Todavía tenía textura de pelo de bebé y olor a bebé, ese olor indescriptible de niño de corta edad. Ella era todavía un precioso bebé. Cuando le contaba a Javier que no estaba preparada para cortarle el pelo a lo chico, él me decía que no me quedara en el detalle, que mirara más allá, que aparte de que el pelo crece, sería mucho mejor un pelo a lo chico para las curas, para que el cirujano pudiera trabajar. Además, parece ser que en la conversación que tuvo aquel día con la doctora, esta le dijo que, en algunas ocasiones, tuvieron que rapar la zona a cero a las niñas en el mismo quirófano para poder acceder bien y que después esto había supuesto algún encontronazo con los padres, ya que las aptitudes estéticas del equipo cirujano no eran las mejores. Así que mejor llevarla ya con el pelo corto por si acaso salía trasquilada. Y así lo hicimos, fuimos a la peluquería de mi amiga Lorena Poveda y le dijimos que procediera. Recuerdo que Lorena se quedó un poco parada, pero al ver mi expresión enseguida detectó que aquello debía ponérmelo fácil. A continuación, cogió sus tijeras y, con ese arte y simpatía que le caracterizan, empezó a cortar los tirabuzones de Aitana uno a uno, dejando a mi pequeña con un precioso corte de pelo a lo chico. Siempre agradeceré a Lorena por haber hecho ese momento, tan difícil para mí, más llevadero.

Ahora vuelvo la vista atrás y me doy cuenta de que aquello que tanto me afectaba entonces ahora es totalmente secundario y accesorio. Pero claro, he tenido que vivir otras experiencias para ser consciente de ello.

En ocasiones, pienso que vivimos a contrapié. No estamos preparados para tomar cierto tipo de decisiones en el momento en que son necesarias o no somos capaces de abordar con calma y diligencia una situación determinada, pero luego pasa el tiempo y tenemos la sensación de que, si volviéramos atrás, lo haríamos sin ningún tipo de problema.

Así que, durante esas dos semanas de cuenta atrás, hicimos vida normal, pero un poco paranoicos y con todos nuestros sistemas de alerta puestos en cualquier virus que pudiera acechar a nuestra hija o a nosotros mismos.

Y en esas dos semanas nos preguntaron más de cien veces por el corte de pelo de Aitana y más de cien veces tuve mariposas en el estómago, angustia y ansiedad. Y había veces que no preguntaban, había veces que te decían: "¿Pero qué le has hecho a la niña en la cabeza?". Lo hacían sin maldad, lo sé, pero dolía y no sabéis cuánto. Para algunos tuvimos la fuerza de explicarles el porqué de ese nuevo look; para otros, simplemente decíamos que era por comodidad.

Y así iban pasando los días, tratando de hacer vida normal dentro de un torbellino de emociones, angustia, ansiedad, noches en vela, charlas entre la pareja y un sinfín de papeleos e historias burocráticas. Fueron quince días muy intensos y muy largos. Recuerdo que en ese transcurso no pasaban las horas, al igual que nos ocurría cada vez que estábamos esperando los resultados de las cientos de pruebas que realizaron a Aitana durante esos eternos meses. Pero pasaron, como todo pasa en esta vida, lo bueno y lo malo.

Y tanta vida normal hicimos durante esas dos semanas, que el día que Aitana tuvo que ingresar para ser operada, un 30 de mayo de 2011 a las cinco de la tarde, con dos años y un mes, la recogimos de la guardería a las tres y media, y nos fuimos directamente al hospital Clínico de Valencia. Así tal cual, sin un moco ni virus perturbador y con un precioso corte de pelo.

En lo que duró el viaje en coche desde la guardería al hospital, Javier y yo éramos incapaces de pronunciar una palabra. Ambos intentábamos mostrarnos tranquilos para tratar de ayudar al otro, pero para ello no teníamos que hablar, porque sabíamos que nuestras voces temblarían. Escuchábamos música e intentábamos tararear la canción que sonaba para dar así más muestra de indiferencia, de tranquilidad. Pero nada más lejos de la realidad, esas respiraciones profundas o esa tos seca que de vez en cuando nos entra a uno o a otro cuando estamos nerviosos estaban presentes.

Nada más llegar al hospital, hicimos los trámites pertinentes para el ingreso. Recuerdo a Javier estar enfrente de un mostrador con la maleta en la mano y yo detrás con Aitana en brazos, tal cual lo hacíamos cuando íbamos de vacaciones al hacer el registro en un hotel, pero esta vez no eran unas relajantes vacaciones lo que nos esperaba.

Una vez firmados los documentos de ingreso, la chica del mostrador llamó a un celador que nos acompañó a la habitación. Recuerdo que estábamos en la planta de pediatría y, al otro lado del pasillo, estaba oncología infantil.

Las paredes estaban llenas de colores, de dibujos pintados por niños que habían pasado por allí en algún momento de sus vidas. Había una habitación que se llamaba, creo recordar, HospiCole o algo así, destinada a dar clases a los niños que debían estar largas estancias en el hospital y, a su vez, se utilizaba de sala de juegos para el resto de niños.

Sólo andar por aquellos pasillos ya te pone los pelos de punta, pero sabes que dentro de unos días todo acabará y que volverás a casa, porque así te lo han contado, es cuestión de dos o tres días a lo sumo.

Nada más llegar a la puerta de la habitación, a Aitana le cambió la cara. Dentro ya no era tan bonito, el pasillo era más acogedor, con todos esos colores y dibujos. En la habitación había camas grises, pijamas de medidas desproporcionadas para una niña de dos años, barandillas de hierro en las camas y no de dibujos como en casa, aparatos raros con cables, mascarillas de oxígeno y un compañero en la cama de al lado que llevaba agujas clavadas en las manos. Eso a Aitana no le gustó nada y nos miraba como esperando una explicación que no podíamos darle, era imposible poder explicarle por aquel entonces que sería cuestión de días y que en seguida nos íbamos a casa.

Para que Aitana no se sintiera tan fuera de lugar y que relacionara esa habitación con pasar allí la noche, comer y cenar, nos llevamos varias cosas que para ella eran muy familiares: su osito de dormir, su juguete de las comidas y varias fichas plastificadas con imágenes que pensamos que nos podían ayudar a explicarle alguna cosa, como por ejemplo una enfermera, unos oídos, unas tiritas, una botella de jarabe y una niña bailando. De esta forma podíamos más o menos, ponerla en situación. La enfermera le curaría sus oídos, le pondrían un vendaje o tiritas para que, al final, pudiera escuchar la música y bailar. Aitana no sabía que eso que había en la imagen se llamaba enfermera, pero sí que esa persona que viste así, con esa bata, le quita el dolor. No sabía lo que era la música, ni que se llama así, "música", o que lo que hacía la niña en esa imagen era bailar, pero sí sabía que esa niña estaba contenta y feliz.

Y esa era nuestra forma de comunicarnos, visualmente y a través de relaciones entre las emociones y las sensaciones. Y esa era la manera en que estuvimos comunicándonos durante mucho tiempo, hasta pasados muchos meses después de su operación. Porque os aseguro que de la operación no salen escuchando, ni ese día ni al mes. Hay que tener mucha paciencia y, cuando escuchan, no entienden lo que están escuchando, la comunicación verbal lleva mucho trabajo y requiere de mucha paciencia, pero se consigue. Y esto es algo que hay que dejar muy claro, sobre todo a familiares y amigos: el implante coclear no es milagroso, es una herramienta que permite trabajar la comprensión y la expresión, pero el implante no incluye estas cosas. Hay que trabajarlas, y mucho, para integrarlas en nuestros hijos.

Javier y yo, aún preparando a la familia y a los amigos para eso, nos llevamos más de un disgusto y tuvimos alguna pequeña discusión con gente por esto mismo, porque estábamos cansados de escuchar comentarios tales como: "¿Si ya le han operado por qué no habla?", "¿todavía no dice ni siquiera 'mamá'?", o "¿por qué Aitana no me responde, es que no oye, no le van los aparatos?".

Así que armaos de paciencia, porque ese va a ser uno de vuestros mejores aliados: la paciencia.

Desconozco los tratamientos de otras discapacidades, pero supongo que en muchos casos a los padres les debe pasar igual. Estarán hartos de escuchar este tipo de comentarios, de ver a gente que, queriendo poner toda su buena voluntad en ayudar, lo único que hacen es echar más leña al fuego o abrir heridas. Pero debemos saber vivir con eso porque sólo nosotros, los que vivimos las discapacidades de nuestros hijos, sabemos de primera mano con todo lo que hay que lidiar, todas las noches de sueño que se nos van y cómo cambian nuestras vidas en todos los sentidos –en relaciones sociales, familia, pareja y, lo más impresionante, que es lo que me ha pasado a mí, cómo cambia nuestra propia vida, cómo cambiamos como personas–.

Volviendo al ingreso en el hospital, y una vez ya en nuestra habitación, Aitana empezó a estar incómoda, intranquila, fuera de lugar totalmente. No quería ponerse el pijama azul porque sabía que eso significaba "osito", es decir, dormir allí. Hay que tener muy presente que nuestros hijos son sordos, pero no tienen un pelo de tontos y encima a esto se une que no podemos contarles una historia para hacérselo bonito, por lo menos Javier y yo no éramos capaces de llegar a ese nivel de comunicación. Nuestra comunicación se basaba, como he comentado anteriormente, en una relación de objetos, fotos, emociones, sentimientos, tacto y mucho lenguaje no verbal, lenguaje corporal.

Así que, para que Aitana se calmara, decidimos salir a pasear al pasillo y ver esos bonitos dibujos colgados en las paredes. Mientras caminábamos por allí, se nos acercó un niño con una cara de pillo y avispado que nos hizo mucha gracia. Tendría unos cinco o seis años y, ni corto ni perezoso, preguntó a Aitana:

–¿A ti qué te van a hacer?

A lo que Aitana respondió moviendo la boca y riendo, como solía hacer. Ella veía que le gente movía la boca y ella imitaba, sin emitir ni un solo sonido, pero la movía.

Javier le dijo: "Se llama Aitana y no puedo oírte, estamos aquí para que le curen sus oiditos y poder oírte algún día".

El niño se quedó perplejo, como si no pudiera creer que había niños que no pudieran escuchar.

El niño respondió: "A mí mañana me van a hacer un raja así de grande aquí y me van a poner muchas grapas", y levantó su pijama y nos señaló desde el ombligo hasta la espalda.

Más tarde supimos, hablando con sus padres, que tenía un tumor enorme que había que extirpar con urgencia.

Y esos son los momentos en los que te das cuenta de que si tú estás sufriendo, si te sientes desgraciado, si hay días que no puedes levantarte, tienes el consuelo de que la sordera no mata, simplemente es un hándicap, pero no se lleva a tus seres queridos.

Esa tarde en seguida sirvieron la cena, pero si os soy sincera no recuerdo si Aitana se la tomó o no, sólo recuerdo estar allí con Javier mirándome el reloj porque sabía que él debía irse, únicamente podía quedarse un acompañante. Llevábamos un año yendo juntos, sin separarnos lo más mínimo, en todo este proceso. Juntos a todas las consultas médicas, charlas y conferencias, a todas las pruebas médicas, a estimulación temprana en el IVAF, y ese día, por primera vez, teníamos que separarnos. Se me ponía por delante una verdadera prueba de fuego, un momento delicado, en un lugar extraño, y mucha tensión en el cuerpo.

Recuerdo que yo estaba, dentro de lo que cabe, bastante tranquila. Aitana esa noche no pegó ojo en el hospital. Se encontraba extraña en esa habitación, con gente por allí entrando y saliendo. Hacía mucho frío –yo recuerdo estar helada toda la noche y pensando que Aitana se podía constipar–. Allí estaba yo, sola ante el peligro, tratando de dormir y consolar a Aitana, que estaba rendida, pero incapaz de conciliar el sueño. La señora que cuidaba al niño de la cama de al lado no hacía más que resoplar. Yo entendía que lo hiciera; sin embargo, no podía calmarla. Además, me miraba como si fuera una madre inexperta, que ciertamente lo era, pero a mi hija, a su sordera y la forma de consolarla me las conocía a pies juntillas. Lo que ocurre es que algunos días era imposible y había que esperar a que le venciera el cansancio.

Por aquel entonces me costaba mucho calmar a Aitana, la única forma de hacerlo era con contacto físico, siempre y cuando yo no estuviera nerviosa, porque si eso ocurría, Aitana se ponía más nerviosa todavía, como le ocurre al resto de niños normoyentes. Pero en el caso de Aitana, las palabras se las llevaba el viento y nunca mejor dicho. Una cosa sí funcionaba en algunas ocasiones: cantarle o hablarle, y colocar su mano en nuestro pecho o garganta para que ella notara vibración. Pero esta estrategia, esa noche en el hospital, no funcionó tampoco.

Las enfermeras del turno de noche trataban de ayudarme y cogían a la niña para ver si la calmaban, pero nada, eso era peor. Algunas, con toda su buena voluntad, me decían que le leyera un cuento o una historia, y yo me cansaba de repetir la misma historia a cada persona que me lo decía: "Mi hija es sorda, no oye mis historias".

Hacia las cuatro de la mañana, la situación se empezó a hacer insostenible y Aitana tenía despierto a medio pasillo de pediatría. Los lloros se mezclaban con gritos, unos gritos que la dejaban afónica, pero claro, a ella eso se la traía al pairo. ¿Qué sensación debe de ser esa de gritar con todas tus fuerzas y no escuchar nada?

Cuando a una se le va acabando la paciencia, el tono de su voz, los gestos... se hacen cada vez más duros, mas ásperos y agrios. Y esa noche, después de escuchar en varias ocasiones: "Mujer, ¿es que no puedes calmar a tu hija?", "¿por qué no le cuentas un cuento?", pues una ya revienta y la paga con la primera enfermera que entra por la puerta diciéndole: "¡Joder! Mi hija es sorda, que no oye nada, ¿me has oído?, nada. Que no puedo contarle cuentos, que no puedo calmarla con mi voz. ¿Qué cojones quieres que haga? Es muy complicado, lo intento con todas mis fuerzas pero no puedo. ¿Qué culpa tengo yo de que sea sorda?". La enfermera no sabía dónde meterse, y yo tampoco desde el momento en que pronuncié esas palabras.

Al final se nos hicieron las cuatro y media de la madrugada cuando ambas caímos rendidas en un sillón. Yo sentada y ella, en mis brazos. Y así hasta las seis, que vinieron a ponerle el termómetro.

El quirófano estaba preparado ese día para recibir a Aitana la primera. Eso a nosotros nos ayudaba bastante, porque así las horas de espera de los pacientes de antes no las teníamos que sufrir. Recuerdo que subió el cirujano, el doctor Marco, a ver a Aitana a la habitación y nos comentó cómo sería el proceso. Nos dijo que, para dejar relajada a Aitana, le echarían en la nariz unas gotitas que, en unos minutos, la harían entrar en un estado de relajación y placidez total. De esta forma, cuando se la llevaran a quirófano evitaríamos lloros e intranquilidad por parte de Aitana. Nos comentó, como ya lo habían hecho anteriormente en una de las consultas a las que fuimos a hablar con él, que el quirófano estaría reservado y preparado para operar ambos oídos, es decir, para implantar bilateralmente, pero que dependería de cómo reaccionara la niña a la anestesia, de cuánta sangre perdiera y de cómo se encontrara él para poder implantar bilateralmente. Nos dijo que empezarían con el oído derecho, no sabemos por qué. Esto era un hecho que a Aitana poco le afectaba si le implantaban el derecho o el izquierdo, porque de los dos estaba igual de sorda. Sorda, como se suele decir, como una tapia.

En ocasiones, durante todo este proceso, nos encontramos con situaciones como esta, en la que un doctor te dice cómo va a proceder y tú no tienes más que acatar y dejarte guiar, pues no estás preparado para rebatir, ya que no es tu campo, no puedes decidir en eso. Esto nos ocurrió en varias ocasiones, como por ejemplo, cuando nos dijeron que Aitana tenía que llevar audífonos durante unos meses, aun sabiendo nosotros que no le iban a funcionar; o cuando nos dijeron que la única solución era operar; o que la operación sería de ambos oídos. Esos son momentos en los que debes dejarte llevar por los expertos, puesto que son terrenos desconocidos para los padres o familiares del discapacitado y, por mucho que nos pueda parecer bien o mal, debemos aceptar las decisiones médicas, porque ellos están para ayudarnos. También es cierto que hay otras ocasiones en las que sí puedes "rebatir" una opinión. Por ejemplo, en nuestro caso, algunos doctores nos recomendaron no acudir al centro de rehabilitación logopédica que habíamos elegido, pero Javier y yo decidimos, a pesar de esas recomendaciones, asistir y probar, pues a tiempo de cambiar siempre se está, y teníamos buenas referencias de una terapeuta en concreto, que era quien queríamos que trabajara con Aitana. También tuvimos que tomar una decisión importante cuando los doctores nos informaron de que la única solución para Aitana era una intervención. Los padres decidimos si operar o no. Y el equipo médico decide cómo, dónde y cuándo.

Javier siempre tuvo claro, desde el principio, cuáles eran las parcelas en las que podíamos decidir o rebatir, y en cuáles dejarnos llevar. Afortunadamente, esa intuición o clarividencia ha hecho que las cosas hayan fluido, y lo hayan hecho para bien. Nosotros siempre decimos que hemos tenido, y tenemos, mucha suerte, porque desde el primer día nos sentimos muy bien atendidos y arropados por todos los profesionales que han tratado a Aitana y la siguen tratando a día de hoy. Considero que siempre les hemos respetado y admirado al máximo, aun en los momentos más complicados, donde a veces es difícil mantener la calma, y creo que eso nos ha ayudado a recibir lo mejor de ellos, ya que, en el fondo, detrás de esas batas blancas hay personas.

Volviendo al momento que estábamos tratando, el de la intervención, el doctor, tras darnos esas explicaciones, dejó la habitación y fue a prepararse. Javier y yo habíamos comentado que sería yo la que entraría con Aitana a la antesala del quirófano. Me acompañaron a esta sala mi tía Milagros, que es enfermera, y el hermano de Javier, mi cuñado Fernando (el tío Nano). Son momentos muy difíciles para unos padres cuando sientes que vas a perder de vista a tu hija y dejarla en manos de unos "desconocidos" durante horas. Ahí es donde pierdes el control de todo, total y absolutamente, y esa sensación puede llegar a causarte mucha angustia, mucha ansiedad y desasosiego.

La antesala al quirófano era la misma sala que el despertar, al menos para nosotros fue la misma. Esa sala donde dejan un rato a los recién operados a la espera de que se les pase el efecto de la anestesia. Al entrar hacía mucho frío, presentía que Aitana lo tenía y la tapé con todas las sábanas que por allí encontré. Mi tía Milagros y mi cuñado Fernando no nos dejaron en ningún momento y eso a nosotras nos tranquilizaba mucho, sobre todo a Aitana, pues para ella ver a su tío Nano era siempre motivo de alegría. Allí no estuvimos mucho tiempo, unos veinte minutos aproximadamente, tiempo en el que vinieron las enfermeras a darle a Aitana las gotas que nos había dicho el doctor. Durante ese rato, Aitana estuvo jugando con el tío Nano y unos juguetes que allí tenían reservados para hacer la espera más llevadera a los niños. Las gotas comenzaron a hacer su efecto a los pocos minutos y Aitana empezó a relajarse, a dejar de jugar con tanta intensidad y a quedarse tumbada muy relajada, pero despierta.

Cuando las enfermeras vieron que la niña estaba en condiciones para entrar a quirófano, llamaron a los celadores para que vinieran a por ella y en un plis plas ahí estaban ellos, dispuestos a llevarse a mi hija. Qué momento. Lo recuerdo y se me ponen los pelos de punta. Necesito parar de escribir y coger aire. No lo recuerdo especialmente emocionante, que podría haberlo sido, ya que se llevaban a mi hija para tratar de hacer su vida mejor. ¿Qué mejor momento que ese? Pero los hospitales y quirófanos no son plato de buen gusto para nadie. Para mí fue un momento desgarrador, se llevaban de mi lado a lo que más quiero del mundo, para no sé cuantas horas y sin saber qué iba a pasar allí dentro. Tanto los celadores como las enfermeras me trataron con una dulzura y delicadeza admirables. Me dejaron darle un beso a mi niña y decirle cosas bonitas, y así, sin más, la cama comenzó a moverse dirección a una puerta que arriba portaba un letrero que decía: "Quirófanos".

Salí de aquella sala bastante entera y, al levantar la vista, allí estaba Javier junto a mis padres, tíos, mi hermana y su marido, y no sé cuánta gente más. Todos nos abrazamos y comenzamos a contar el paso de los minutos.

Aquella mañana la sala de espera de quirófanos estaba llena de gente, cada persona con su historia personal, esperando a un paciente, cada paciente con una dolencia diferente, con edades diferentes. Algunos con esperanzas y otros desesperanzados. Era inevitable no afinar el oído y escuchar algunas de las conversaciones que allí se estaban dando. Es curioso ver, cuando estás en un estado de nervios, de intriga e incluso de miedo, la de temas que pueden salir a la palestra. Es como cuando subes a un ascensor con un desconocido y hablas del tiempo que hace ese día. Pues algo así ocurrió allí. La gente hablaba de cosas que no tenían ni pies ni cabeza, cosas que no venían a cuento. El único objetivo de todas aquellas personas que estábamos allí era que pasaran las horas lo más rápido posible.

Recuerdo que me despedí de Aitana a las ocho y media de la mañana y a las diez ya estaba cansada de esperar. Estaba nerviosa, claro que sí, mucho, pero como creo que proyectaba una imagen de tranquilidad y sosiego, a mis padres y familiares les ayudaba mucho. Javier y yo intercambiábamos constantemente nuestras miradas, queríamos comprobar mutuamente que ambos estábamos bien, tranquilos dentro de lo que cabía.

Los minutos pasaban y, de vez en cuando, salía un cirujano de los quirófanos llamando a los familiares de algún paciente. No os podéis imaginar los vuelcos que nos daba el corazón a todos los allí presentes cuando veíamos al señor de la bata verde salir por aquella puerta. Varios cirujanos se asomaron a llamar a diferentes familiares y el procedimiento era el mismo siempre: los familiares salían al pasillo para poder conversar en la intimidad con el doctor y volvían a entrar en la sala, donde el resto de acompañantes esperaban impacientes las noticias. La mayoría de noticias esa mañana eran buenas, eso hacía que las caras de los allí presentes se relajaran durante un rato y que la esperanza volviera a sus cuerpos.

A las once y media de la mañana, tras tres horas sin ver a nuestra hija, el doctor Marco se asomó a la sala de espera y dijo:

–¿Los papás de Aitana Alandes?

En ese momento mi cuerpo sintió un escalofrío tremendo, algo inexplicable. Creo que todas mis células se pusieron en estado de alerta. Javier y yo dimos un salto de la silla y salimos al pasillo cogidos de la mano, apretando fuertemente nuestras manos, que rebosaban sudor a borbotones. El doctor dijo:

–Ya tenemos el oído derecho, ha ido todo bien. ¿Queréis que sigamos con el izquierdo?, ¿me dais autorización?

A lo que Javier y yo dijimos:

–Claro doctor, sería estupendo. ¿Pero nuestra hija está bien?

–Estupendamente, dormidita –dijo el doctor–. Es una campeona.

Dicho esto, el doctor se dio la vuelta y volvió a entrar hacia quirófanos.

De repente, todos nuestros familiares y amigos se agolparon a nuestro alrededor y Javier comentó las buenas noticias. Creo que hubo aplausos, saltos, abrazos y lloros de alegría. Para seros sincera, la segunda parte de la operación se nos hizo mucho más larga que la primera, y eso que duró algo menos, dos horas y cuarenta minutos aproximadamente.

Durante esta segunda fase de la operación, la expresión de las caras de nuestras familias y amigos era menos tensa y las conversaciones no eran tan peregrinas. Javier y yo seguíamos juntos, no al lado justamente, pero sin perdernos de vista. Nuestras miradas volvían a cruzarse con el objetivo de confirmar que ambos estábamos bien. Intercambiábamos guiños, sonrisas y alguna que otra caricia. Qué importante fue para nosotros sentir que éramos un solo ser.

Recuerdo salir a fumar en un par de ocasiones a la calle e incluso sacar algún café de la máquina. No pudimos ingerir nada sólido, a pesar de la insistencia de mi madre, que no paraba de decirnos que comiéramos algo, que llevábamos muchas horas en ayunas. Pero, claro, era imposible, no nos entraba ni una pasa.

Finalmente, la operación acabó sobre las dos y cuarto, y el doctor Marco volvió a salir, esta vez con una sonrisa de oreja a oreja y sin la bata verde. Como en la vez anterior, nos acercamos a ver qué decía, pero en este caso no fuimos sólo Javier y yo, sino que nos agolpamos a su alrededor toda la familia, aproximadamente unas diez personas.

—Ya hemos acabado, ha ido todo fenomenal. Ambos implantes han encajado perfectamente. Ahora le están grapando las incisiones y van a ponerle un vendaje compresivo. En breve saldrá una enfermera para que la mamá pueda entrar a la sala del despertar a esperar a que despierte Aitana —dijo el doctor.

Le dimos las gracias y yo no pude contenerme. Comencé a llorar, ahora sí, pero no de pena ni dolor ni angustia. Necesitaba abrazarme a Javier, a mis padres, a mi hermana, y decirles que había pasado muchos nervios, que ya no podía más. Toda la tensión acumulada la solté allí en cinco minutos y me quedé liberada, relativamente tranquila, aliviada, como el resto de los que allí estaban para apoyarnos.

La enfermera tardó todavía cerca de cuarenta y cinco minutos en salir a llamarme, que por cierto se nos hicieron interminables. Parece ser que desde que finaliza el trabajo del cirujano todavía queda trabajo en el quirófano, cosa que yo desconocía. Entre que cierran la herida, limpian, ponen vendajes y demás, los minutos siguen sumando.

Por fin, se volvieron abrir las puertas y una enfermera muy amable preguntó:

–¿La mamá de Aitana Alandes?

–Soy yo –respondí.

–Anda, vamos a ver a tu niña. Está muy bien, duerme todavía y tienes que esperar dentro a que despierte.

Me cogió por los hombros y entramos a la sala del despertar seguidas de mi tía Milagros, la enfermera, que tenía permiso para acceder por ser personal sanitario.

Cuando vi, desde la puerta, a unos diez metros a mi hija tumbada en una cama, con la cabeza vendada, el vendaje manchado de yodo y algo de sangre, la cara hinchada, conectada a máquinas, con máscara de oxígeno, salí corriendo hacia a ella pensando: "¿Qué le habéis hecho?, ¿qué le habéis hecho?". Creo que esa imagen la llevaré grabada a fuego el resto de mi vida. Ha sido lo que, con diferencia, más me ha impactado en este proceso, ver a mi hija así, dormida todavía por el efecto de la anestesia y con ese aspecto.

Nada más acercarnos, al poco rato –yo creo que no pasó ni un minuto–, Aitana empezó a sollozar y las enfermeras dijeron: "Ya la tenemos aquí". Abrió los ojos y, al verme, elevó los brazos para que la cogiera. Así lo hice, pero yo estaba tan nerviosa que Aitana no se calmaba y no paraba de moverse. Es increíble cómo los niños perciben estas sensaciones, nuestros estados anímicos y, hay que ver cómo tenemos la capacidad de contagiar esos estados. No obstante, ahí estaba mi tía para calmarla; lo hizo y Aitana se tranquilizó.

Cuando Aitana se calmó, se quedó tumbada en la cama, cogida de mi mano. Debíamos esperar un ratito más allí. Mientras, pasaron cosas anecdóticas, pues allí, en aquella sala, dejaban a los recién operados para que, igual que Aitana, se les pasara el efecto de la anestesia y despertaran. Y si vi a cuatro pacientes despertarse allí, cuatro adultos, cada uno con sus heridas de guerra en una parte del cuerpo, todos decían lo mismo:

–Enfermera, ¿cuándo me operan?, ¿ya estoy operado?

Es increíble cómo en esos momentos perdemos totalmente el control de nuestra vida, la dejamos en manos de otras personas y confiamos a pies juntillas en esas personas que toman el rumbo de nuestra vida. Esa sensación la hemos vivido Javier y yo, sin estar anestesiados, en ciertas consultas médicas. La única opción que había encima de la mesa era la confianza, la confianza en los profesionales que nos asesoraban, porque nosotros estábamos totalmente fuera de juego. Y esto, como padres de niños con discapacidad, es algo muy importante, tenemos que tenerlo presente, ser conscientes y aceptarlo. Nuestros hijos son nuestros, las decisiones últimas las tomamos nosotros, pero el camino hacia la mejor solución médica para ellos la marcan los médicos.

Cuando Aitana ya estaba despierta y preparada para subir a planta, yo deseaba y ansiaba salir de allí y que todos la vieran. Sabía que les iba a impactar verla así, pero también que todos se mostrarían enteros y que no montarían ningún drama. Y así pasó. Nada más salir de allí estaban todos en la puerta deseando darle un beso a Aitana y, bueno, creo que podéis imaginar ese momento, ¿verdad? Fue muy emotivo para todos, incluso para Aitana.

Para mí, lo mejor fue que allí estaba mi amiga Nati, mi amiga de la infancia, mi amiga-hermana. Y fue muy curioso, porque no recuerdo ni haberla abrazado ni haberla besado. Simplemente nos miramos, con eso era suficiente. Ella estaba allí, muy emocionada y manteniendo el tipo dispuesta a ayudar en lo que hiciera falta. Recuerdo que esa noche hablé por teléfono con ella y me dijo que le había impactado verme salir con Aitana, porque me había visto seca, vacía, abatida.

Qué importante es sentirte arropado, apoyado por los amigos cuando uno está pasando por momentos cruciales en su vida. Y qué importante es pasar por momentos cruciales para saber quiénes realmente son tus amigos. Nosotros, con todo esto, hemos reestructurado mucho nuestra vida y esta parcela, la social, también sufrió una pequeña reorganización. Cuando a veces alguna amistad no responde como hubieras querido debes plantearte varias cosas: no responde porque no da para más o no responde porque le puede su ego, falta de humildad, porque le corroe la envidia, porque le doy pena, porque no sabe escuchar, porque él lo está pasando peor… hay que saber detectar esto para no equivocarte y tomar decisiones de las que luego puedas arrepentirte.

Por fin llegamos a la habitación, a las tres y media de la tarde, después de siete largas horas con sus minutos y segundos. Aitana quería estar con sus papás, no quería volver a perderlos de vista, así que allí nos quedamos Javier y yo, a su lado, sin movernos. Los amigos y familiares se fueron yendo para que pudiéramos así disfrutar de ese gran momento. Habíamos dado un gran paso, el paso más grande que hemos dado en todo este proceso, nuestra hija ya estaba implantada, sus oídos ya estaban preparados para recibir sonido. Pero para eso había que esperar al menos un mes. El procesador externo del implante no se programa y coloca hasta que haya cicatrizado bien la incisión de la operación.

Esa tarde Aitana estuvo todo el rato tumbada con calmantes. La verdad es que no se quejó nada, en absoluto, se portó como una campeona. Aguantó los cambios de gotero, las puestas de termómetro y todas las cosas que hasta esa noche le estuvieron haciendo. Recuerdo que a la hora de cenar nos hacía el gesto de querer comer, así se comunicaba con nosotros, a través de algunos gestos que habíamos creado. Eso significaba que ella estaba bien, o al menos eso dicen. Cuando a un enfermo le entra apetito, es que el proceso de recuperación ha comenzado.

Estoy segura de que si a nosotros nos hicieran una intervención de ese estilo necesitaríamos al menos una semana en cama para recuperarnos, pero en los niños es diferente, ellos son mucho más fuertes que nosotros, aunque nos parezca increíble. Creo que, en parte, se debe a que su ignorancia no fomenta el nivel de sugestión y eso es una gran ayuda.

Esa noche la pasamos bastante bien porque Aitana estaba algo sedada con tanto calmante, pero aun así yo no pude pegar ojo. Al día siguiente tocaba realizar la primera cura y uno de los dos, papá o mamá, debía entrar en la sala de curas para estar con la niña. Javier siempre tuvo presente que Aitana, en esos momentos, era más dependiente de mí que de él y, con mucho dolor de su corazón, tuvo que relegar su papel de cuidador por las noches, de acompañante en las curas y de otras cosas para cederme a mí el puesto por el bien de nuestra hija.

La primera cura fue otra experiencia para no olvidar, iba a descubrir el secreto mejor guardado, las incisiones, e iba a poder ver la longitud de las mismas y las grapas que llevaba puestas. Recuerdo que habíamos visto cicatrices a muchos niños ya implantados y las había de todos los gustos: de diferentes tamaños, de diferentes formas, unas rectas, otras curvadas, unas tapadas por el oído porque estaban justo detrás y otras más visibles. Así que allí estaba yo, más pendiente de ver las cicatrices que de pensar cuánto le iba a doler eso a mi pequeña.

Cuando las enfermeras comenzaron a cortar ese vendaje, tipo Dama de Elche, que le habían hecho el día anterior en el quirófano, Aitana empezó a gritar y a llorar negando con la cabeza. No quería que nadie le volviera a tocar sus oídos, pero había que hacerlo, así que la inmovilizaron y siguieron trabajando. Cuando quitaron las últimas gasas y vi lo que llevaba mi hija en la cabeza, juro que me temblaba el cuerpo, incluso creo que me bajó un poco la tensión. Llevaba dos incisiones, para mí enormes, inflamadas, llenas de grapas, totalmente irregulares, algo de sangre, mucho yodo, que las hacía más escandalosas y esa parte de la cabeza rapada al cero. Vamos, un cuadro para enmarcar. Salió del quirófano con un nuevo look, medio punk, porque los laterales de su cabeza, Aitana los llevaba afeitados al cero y ahora agradecemos que así lo fuera, porque curar la zona era delicado y cualquier pelo podría haber infectado la herida.

Durante los veinte minutos que duró la cura, yo estuve allí para ayudar, acatando las "órdenes" de los profesionales.

–Loles, cógele este brazo, dile que gire la cabeza, sujeta este rollo de esparadrapo…

Mi misión era facilitarles el trabajo calmando a mi hija, poniéndome donde no les molestara. Y por muchas ganas que tenía de comentar lo grandes y horribles que eran esas cicatrices, lo hortera que era su nuevo look, no lo hice, ni se me pasó por la cabeza, porque sabía que si lo habían hecho era porque era necesario. Así que otra vez más, tuve que dejarme llevar por la gente profesional que cuidaba de mi hija.

Salimos de la sala de curas, ambas aliviadas. Aitana necesitó unos minutos de mimitos, pero en seguida nos pidió jugar, con el gesto que habíamos inventado para decir jugar. Y así nuestra hija volvió a ser ella misma: activa, risueña y sociable. Otro alivio para nosotros. Ya la habíamos recuperado, sabíamos que estaba bien y estábamos sorprendidos de cómo en menos de veinticuatro horas podía haber experimentado una mejoría total y absoluta.

Y así pasamos ese día y los otros dos restantes, cumpliendo a rajatabla los horarios de antibiótico, de comidas, paseando por los pasillos, visitando a otros niños a sus habitaciones, yendo al HospiCole a jugar, realizando más curas, recibiendo a amigos y familiares , abriendo los regalos que le traían, respondiendo a cientos de WhatsApps y llamadas telefónicas.

Se agradecían muchísimo las visitas, pues era el momento en que Javier y yo salíamos a la calle a tomar aire, a comer o a llamar por teléfono con tranquilidad a todas esas personas que estaban deseosas de saber cómo estábamos.

Son muchas las cosas que recuerdo de esos días en el hospital, pero hay algunas que me llegaron al alma, y no tienen que ver con Aitana y su operación. Una de ellas fue la labor de los voluntarios que van los fines de semana al hospital a jugar, entretener y hacer más agradable la estancia en el hospital a los niños. Gente que lo hace porque le nace, sin esperar nada a cambio, sólo la sonrisa de un niño enfermo y el agradecimiento de los padres. Otra que, mientras estábamos con nuestra niña en ese hospital, en el salón de actos del mismo centro estaban realizando unas jornadas de apoyo psicológico para padres que habían perdido recientemente a sus hijos o iban a hacerlo dentro de poco. Y la última, la imagen de esa niña en la cama, con su cabeza sin un solo pelo a causa de la quimioterapia, la única niña que no salía al pasillo a jugar y que no recibía la visita de los otros niños, y la madre a su lado, llena de dolor, de desesperanza.

Y así, sin darnos cuenta, cayeron en nuestras manos los papeles del alta y, junto a ellos, unas pautas e instrucciones para realizar las curas en casa.

fase de aceptación

Dicen que en esta fase se asume la pérdida o el problema. Supone un cambio de visión de la situación, es cuando se produce un antes y un después, y efectivamente así sucedió.

A lo largo del proceso hay que superar distintos retos:

1. Aceptar la realidad de la pérdida o problema y tratar de afrontarlo plenamente.

2. Experimentar el dolor de la pena, sin bloquear los sentimientos ni negar el dolor que está presente. Es imposible perder a alguien o asumir un problema de envergadura sin experimentar dolor.

3. Adaptarse a un mundo en el que el ser querido está ausente o tiene un problema. Esto supone empezar a hacer tareas, gestiones, tomar decisiones, etc., sin contar con la presencia y el apoyo que nos daba antes esa persona, en el caso de las pérdidas.

4. Recolocarnos emocionalmente y mirar hacia el futuro. La vida nunca volverá a ser lo mismo, pero enriqueceremos nuestro espacio con nuevas emociones y relaciones.

Afortunadamente, nosotros podíamos mirar hacia el futuro. Mi hija, recién operada, podría por fin oír. Aún no sabíamos cómo ni cuánto ni cuándo, pero había camino hacia adelante.

Sin embargo, llegados a este punto, ocurrió lo que suele ocurrir cuando te planteas un objetivo y finalmente lo alcanzas: te quedas absolutamente extenuado.

La adrenalina te ayuda en el proceso, te imprime fuerzas y coraje, pero cuando el proceso termina, la adrenalina vuelve a su nivel normal y la sensación que te queda es la de una absoluta falta de fuerzas.

Aunque nos quedaba mucho camino, el que a Aitana la operaran y le colocaran sus implantes cocleares se había convertido en un objetivo, un objetivo supremo para mí. Y la consecución de ese objetivo nos pasó factura a ambos.

La recuperación de Aitana fue maravillosa: rápida, sin complicaciones y sin impedirle realizar ninguna actividad. Allá iba ella, con su pelo rapado y sus cicatrices en la cabeza. Sin entender por qué estaba así, pero sin importarle mucho. A los pocos días volvió a la guardería y su vida continuó siendo lo que siempre había sido para ella. Necesitábamos que pasara un mes desde la operación para que le programaran y colocaran la parte externa del implante coclear, el procesador.

Debido a la bajada de la adrenalina y a la vuelta a la normalidad, en esta fase tuve una pequeña depresión, un cansancio infinito acompañado de una bajada de ánimo. Creo que esto lo provocó, en gran parte, el que yo empezara a poder visualizar la vida de Aitana como un todo, con toda su complejidad y prospección. Hasta ese momento, yo sólo había visualizado para ella una vida sin comunicación, sin música, sin sonido, una vida de silencio y aislamiento. La vida que imaginaba una madre desesperada y triste.

El hecho de informarnos, de asistir a charlas, cursos, congresos o conferencias, de hablar con su logopeda y los médicos que la trataban, nos hizo recibir una serie de inputs de los que carecíamos y que nos permitieron poder proyectar la vida de nuestra hija de una forma más cercana a la realidad. Esto, por una parte, nos ayudó mucho para poder así establecer una etapa; sin embargo, por otra, se convirtió en mí en una obsesión y en una angustia añadida que no me hacía ningún bien. Las perspectivas que nos daban eran positivas, pero ya volvía a culparme a mí misma si Aitana no conseguía alcanzarlas.

Pasado un mes de la operación, volvimos para la programación de los implantes de Aitana. Era increíble que esas terribles incisiones en la cabeza hubieran cicatrizado tan bien en tan pocos días y que Aitana estuviera completamente preparada para el proceso de programación.

La programación consistía en "poner en contacto" los implantes que Aitana llevaba dentro del cráneo con la parte externa. Y era, de nuevo, un día realmente especial. Por internet podéis ver multitud de vídeos de ese momento donde a una persona, adulto o niño, le conectan sus implantes por primera vez, y es como si descubriera un mundo nuevo.

Puede oír y no puede aguantar las lágrimas, de miedo o emoción, y ríe escuchando su propia voz, sus gritos, el sonido de su garganta. ¿Íbamos a vivir nosotros ese momento? Ya os adelanto que no.

Nos esperaba la doctora Latorre junto con otro de nuestros ángeles, Gabriela Mecco. Ella es programadora de la marca de implantes que lleva Aitana y nos explicó el proceso.

En primer lugar, se trataba de ver que los aparatos que Aitana lleva implantados estaban funcionando correctamente y, a continuación, emparejar la parte interna con la externa.

Todo un proceso que se me hizo eterno. Después de tener a Aitana conectada a un ordenador y yo tratando de que no se quitara los cables de la cabeza, nos dijo que la parte interna funcionaba correctamente. El primer paso estaba superado, y ahora se tenía que obrar la magia.

Así que a Aitana le pusimos por primera vez sus procesadores. En internet encontraréis fotos y vídeos para haceros a la idea de los aparatos que lleva Aitana en sus oídos. Son más grandes que un audífono convencional, con un pequeño cable y un imán que se pega, a través de la piel, a otro imán que lleva dentro del cráneo y, de ese modo, establecer contacto.

Está alimentado por baterías, que es lo que hace que el tamaño sea superior a un audífono, por lo que en niños se trata de un aparato pesado y sus orejitas no pueden mantenerlo. Para ello, existe un cable que une el procesador y las baterías, haciendo que el peso sobre las orejas sea menor. De ese modo, esas baterías se sujetan a la ropa con un imperdible. Todo muy cómodo, vamos.

Gabriela nos explicó que, en la primera programación, le "abren" la audición muy poquito. Tiene que ser un proceso natural y adaptativo, por lo que prefieren hacerlo gradualmente, de ese modo Aitana se iría acostumbrando. Así que no íbamos a ver ninguna reacción espectacular. Nosotros tendríamos que "subirle el volumen" en las siguientes semanas, para volver al cabo de un mes y comprobar su evolución.

Nos explicó el mantenimiento básico de los procesadores: cargar las baterías y deshumidificar los procesadores por las noches, que no se bañara con ellos y evitar el contacto con polvo y arena. Así de sencillo.

Nos explicó que la vida media de la parte implantada es de unos doce años. Eso significa que, cuando se cumplan esos años, Aitana notará que sus implantes no funcionan tan bien como solían. Eso tiene una cosa mala y una buena: la mala es que tendrán que volver a operarla, quitarle estos implantes y ponerle unos nuevos (aunque si con dos años, pasó la operación sin problemas, con catorce no tiene por qué tenerlos); la parte buena es que, cuando haya que volver a implantarla, ¿quién sabe qué maravillas habrá descubierto la ciencia?, ¿qué tamaño tendrán esos nuevos implantes?, ¿qué capacidades?

Cuando salimos del hospital, no dejamos de hacer pruebas para comprobar si Aitana nos oía. Evidentemente, no nos oía. Teníamos que ser pacientes.

Pero no todo seguía igual. Aitana ya llevaba los que iban a ser sus compañeros durante muchos años: sus implantes cocleares.

Y entonces, comencé a sentir algo, algo que no había sentido en todo este proceso, algo completamente nuevo. Era tenue, sólo una pequeña luz, pero ahí estaba. Un sentimiento de aceptación se estaba gestando, quería nacer. Con muchas dificultades, pero lo sentía, insinuándose dentro de mí, queriendo mostrarse.

Comenzaba el verano, había luz, y nuestra vida estaba cambiando, casi podíamos acariciar el camino que teníamos delante.

Ese verano de 2011 lo recuerdo por dos hechos: aprender las tareas de mantenimiento de los procesadores de Aitana y las miles de pruebas que hicimos para comprobar si oía o no.

Desde luego, no oía. Pero se acostumbraba a sus aparatitos, poco a poco dejaban de resultarle incómodos y molestos. Y yo también a verla con ellos. Incluso había veces que casi se hacían invisibles. Eso sí, tuvimos que volver a dar cientos de explicaciones y a contar la misma historia una y otra vez. Y seguían doliéndome los comentarios de "si ya lleva los implantes, ¿por qué no oye?", "¿aún no habla?", "¿cuándo va a oír?". Todas aquellas preguntas volvían a ser puñales que tenía olvidados. Y lo peor es que cada día constataba que no había una respuesta a esas preguntas. Había expectativas, esperanzas, pero no respuestas.

En la programación de agosto tampoco observamos cambios. Nada. Nuestra vida era como la conocíamos, como antes de la operación. Gabriela, la programadora, nos decía que era normal, que nos armáramos de paciencia. Nos animaba diciéndonos que las cosas se estaban haciendo bien, a su tiempo, y que esos pasos tan lentos los agradeceríamos más adelante.

Pero a mí me consumía la impaciencia. Y además, tenía un fatigoso sentimiento de ir a contrarreloj. Aitana iba a comenzar su último curso de guardería, al siguiente habría que escolarizarla. ¿Y a qué colegio iba a ir si no hablaba?, ¿si no oía?

Volvía a presionarme a mí misma, pensando en cómo iba a ser la escolarización de Aitana, en si podríamos escolarizarla o tendríamos que esperar a que su nivel de audición y lenguaje fuera suficiente. Proyectaba el futuro como si hubiera que resolver todas esas cuestiones al día siguiente y los últimos días de verano volvieron a ser angustiosos para mí. Retornó el silencio, la cabeza baja y el miedo que creía ausente para siempre.

En el pueblo donde vivimos, las fiestas patronales son en septiembre. Pocos días después de la visita a la programadora, salimos a dar un paseo y ver el ambiente festivo. Fuimos hasta la plaza con Aitana de mi mano, temerosa de que con tanta gente pudiera despistarse. Nuestra llegada a la plaza coincidió con la salida de la imagen de la patrona por la puerta de la iglesia. Todo ello acompañado por un incesante repique de campanas. El sonido era continuo, ensordecedor.

Mientras yo me levantaba de puntillas para poder ver algo entre la gente, noté que Aitana me pegaba insistentemente en la mano. Cuando la miré, tenía los ojos clavados en mí… y señalaba su oído izquierdo. No era una mirada asustada, era una mirada sorprendida, curiosa, casi divertida. Con sus ojos me decía: "Mamá, aquí pasa algo, noto algo". Avisé a Javier, que estaba saludando a un conocido, y se quedó tan parado como yo. Nos miramos y lo supimos: "¡Está oyendo, oye las campanadas!".

Nos agachamos los dos, poniéndonos a la altura de Aitana, señalando nuestros oídos y sonriéndole de una manera tranquilizadora. Señalábamos nuestros oídos y asentíamos con la cabeza. Ella nos imitaba, asentí y sonreía. No había duda, lo estaba oyendo.

Y esa escena maravillosa de una persona a la que conectan los implantes por primera vez y escucha, no la vivimos en una consulta médica, la vivimos en la plaza del pueblo, rodeados de gente que era ajena al momento mágico que estaba ocurriendo, que nos estaba ocurriendo.

Es difícil describir un momento así. Por mucho que lo intentara, no podría trasmitir toda esa emoción. Pero era verdad, sus implantes funcionaban. Un sordo puede oír. Aitana puede oír.

Y a partir de ese momento, las pruebas de que oía no dejaron de sucederse: una moto, un coche, la música de los altavoces a todo volumen. Y ella siempre nos lo decía cuándo oía un sonido. Sonreía, asentía, señalaba.

Y ese sentimiento de aceptación que había comenzado a gestarse, creció dentro de mí. Quería nacer, lo sentía. Quería salir y quedarse para siempre. Y esta vez, no quería nada más que darle la bienvenida.

Esos meses fueron muy intensos para todos, sobre todo para ella, que día a día iba descubriendo sonidos nuevos, se asustaba o se tocaba el oído para decirnos que oía cuando sonaba algo bonito a sus oídos.

Como anécdota, me gustaría comentar que Aitana nunca tuvo miedo a los perros por grandes o pequeños que fueran hasta que oyó por primera vez un ladrido. Desde ese día, les tiene un miedo tremendo.

Ese verano Javier y yo tratamos de hacer las cosas como mejor supimos. Nos matriculamos en un curso a distancia con la John Tracy Clinic de los Ángeles (California) y estuvimos a punto de irnos quince días allí para hacer un curso intensivo, pero finalmente decidimos hacerlo a distancia y esperar resultados con Aitana. Era la opción más económica y teníamos que valorar si gastarnos dinero en ese viaje o en una emisora FM para cuando empezara el colegio.

La emisora FM es un dispositivo inalámbrico que ayuda a las personas sordas, con audífonos o implantes, a comprender mejor en ambientes ruidosos. La persona que está hablando lleva o sujeta un micrófono transmisor o el transmisor está situado en medio de un grupo. Utilizando ondas de radio no dañinas, el sistema FM envía señales del habla a la persona que está escuchando, que lleva un pequeño receptor FM unido al audífono o al procesador del implante coclear.

En ese verano conseguimos que Aitana reconociera su nombre y que dijera mamá y papá. En tres meses fue lo que conseguimos, no sé si mucho o poco, pero para nosotros era un milagro.

Por fin mi hija me decía mamá, se giraba cuando la llamaba o cuando oía algún ruido.

Era increíble, bailaba, reía, emitía sonidos y su risa cambió, cambió a una risa de niña, más dulce, suave, rítmica... no sé cómo explicarlo, pero cambió el tono, al igual que cambió la luz de sus ojos. Ahora los ojos de Aitana brillaban de otra manera y eso nos hacía ver que estaba más conectada a todo, más feliz.

Esto del brillo de los ojos es algo que he compartido con otros papás de niños sordos y coinciden en ello, les cambia la mirada cuando descubren el mundo del sonido. No puedo dejar de emocionarme mientras os cuento esto, todavía se me ponen los pelos de punta. Yo siempre he dicho que, aunque mi hija no escuchara era feliz, pero ese nuevo brillo en su mirada trajo a nuestra princesa una felicidad más plena.

Me gustaría añadir que, en la primera programación de los implantes, nos metieron cuatro programas en los procesadores (de menos intensidad a más) para que Aitana se fuera acostumbrando al sonido. Las pautas eran: la primera semana, programa uno; la segunda semana cambiar al programa dos; y así hasta llegar a la cuarta semana y siguiente programación, que es justo al mes de la primera.

Con los programas uno y dos, Aitana no reaccionaba a nada, fue cuando pasamos al tres y al cuatro, cuando detectamos algo, pero muy poco. Eso sí, a partir de la segunda programación, sí notamos cambios y fue cuando empezó a decir alguna palabra. Así que hay que armarse de paciencia, como comentaba en anteriores capítulos, porque los implantes no se ponen y empiezan a hablar, no, hay que esperar y trabajar mucho y hay que ser muy consciente de ello y hacerlo saber al entorno más cercano para que no metan presión ni a los niños ni a los padres.

Todo pasa factura

Y así comenzó su último curso en la guardería. Allí dimos un curso de manejo a las chicas; cosas básicas, pero vitales:

- Qué hacer si parpadea un LED del implante.
- Qué hacer si se le descuelga un implante del oído.
- Cómo fijar la bobina a la cabeza (para ello hay que saber dónde están ubicados los imanes).
- Cómo saber qué implante es el derecho y cuál el izquierdo, pues si los colocas en oídos contrarios no funcionan, ya que cada oído debe llevar el suyo.
- Cómo apagar y encender.

La verdad es que tuvimos muchísima suerte en la guardería de Aitana. Sabíamos que estaba en buenas manos, tanto ella como sus implantes, y eso nos hacía estar bastante tranquilos.

También reanudamos nuestras visitas al IVAF, con Ana Oltra. Pero la vida era distinta. Aitana oía.

A Aitana, que sólo decía "mamá", "papá" y "agua", le quedaba mucho trabajo por delante, diez intensos meses (de septiembre a junio) para conseguir que avanzara lo máximo posible para que pudiera asistir a un cole ordinario (si así lo decidíamos) con el menor problema posible. Y ahí empezó lo duro.

Ese año escolar íbamos cuatro veces a la semana al IVAF a primera hora, como el año anterior. Las sesiones eran de cuarenta y cinco minutos y empezaban a las 8:30, con lo que teníamos que despertar a Aitana a las 6:45 para vestirla, que desayunara y hacer el viaje desde casa hasta Valencia, que eran unos cuarenta minutos en condiciones de tráfico normales. Así cuatro días a la semana, lloviera, hiera frío, calor e incluso cuando Aitana estaba con algunas décimas de fiebre.

La fase de tensión médica que habíamos pasado y la presión por trabajar sin cesar con Aitana para cumplir los objetivos que nos habíamos marcado, comenzó a hacer mella en nosotros:

- A mí, por tratar de visualizar cómo iba a ser el futuro de mi hija basándome en argumentos, artículos o experiencias de otros.
- Y en Javier, más importante, porque vi el declive que sufrió durante los meses posteriores a la operación de nuestra hija.

Todo empezó, para él, con pequeños síntomas de ansiedad, palpitaciones repentinas, inquietud. Pero poco a poco se fueron convirtiendo en sensaciones físicas más desagradables: insomnio, fuertes taquicardias, sensación de hambre descomunal que le hacía casi padecer desmayos, sudores fríos, mareos, sensaciones de ahogo. Vamos, lo que viene siendo una ansiedad de libro.

Durante unos meses la fue controlando, tratando de racionalizar esas situaciones diciéndose a sí mismo: "Es sólo una sensación pasajera que pronto pasará, no es nada grave, simplemente ansiedad". Pero con el paso de las semanas, esos tintes racionales fueron desapareciendo y fueron apareciendo otros totalmente irracionales y aterradores.

Javier decidió visitar a un psicólogo para que le ayudara a gestionar todas estas sensaciones y emociones, que poco a poco se iban haciendo dueñas de su cuerpo. Este le daba consejos, le hacía reflexionar. Pero eso no era suficiente y se encontraba cada vez peor. A mí me angustiaba verlo así, no era el Javier que yo había conocido, estaba totalmente abatido, había perdido la ilusión por las cosas, sólo estaba algo centrado en sus dolencias. Estaba constantemente escuchando su cuerpo, totalmente fuera de lugar de cualquier otra circunstancia que le rodeara. Desde el punto de vista laboral, rindiendo un 10%; desde el social, cada día más retirado de sus amigos y familiares.

Llegó un momento en que suponía un infierno para él estar despierto, un constante estado de malestar. Sus síntomas eran en ese momento los siguientes:
- *Palpitaciones constantes a lo largo del día.*
- *Sensación de ahogo.*
- *Hambre compulsiva.*
- *Miedos, muchos miedos: a estar solo, a desmayarse, a ir por la calle y sufrir un infarto, a morirse de repente, a conducir...*
- *Sequedad de las vías respiratorias.*
- *Diarreas y/o estreñimientos.*
- *Digestiones muy pesadas.*

Y ese proceso de ansiedad, junto con el ritmo que Aitana requería, fue horrible a todos los niveles para ambos. Debíamos ir a Valencia a terapia con Aitana cuatro veces por semana. Siempre tenía que conducir yo porque a él le resultaba imposible e, incluso a veces, tenía que parar el coche y él bajaba a respirar porque pensaba que dentro del coche se ahogaba. Si yo tenía una reunión de trabajo, él se venía conmigo y se quedaba fuera esperándome. Cuando me iba a correr, me pedía que me llevara el móvil encima para llamarme en caso de emergencia. Los fines de semana los pasábamos en casa porque le daba miedo salir a la calle... nuestra vida se convirtió en un continuo encierro a todos los niveles.

Javier ya no podía soportar el ritmo de las terapias de Aitana ni trabajar en casa con ella. Por aquel entonces, a finales de 2011, Aitana empezaba a escuchar con más claridad y a articular más palabras. Requería muchas horas de trabajo en casa, nuestra hija estaba descubriendo sonidos nuevos, se asustaba muy a menudo. Todavía no había comunicación porque ella oía, pero no entendía nada y sólo decía "mamá", "papá", "agua", "chocho" (siempre nos hizo mucha gracia que fuera esa una de las primeras palabras que dijera), "pan" y poco más.

Para mí todo esto suponía un estrés incontrolable. Debía ocuparme de mi hija, ella me necesitaba más que nunca. Cada día que pasaba era vital para ella, para su rehabilitación del lenguaje, pero por otra parte, Javier me requería en todo momento, se hizo muy dependiente de mí y, lo que es peor, de mi presencia, hasta el punto de tener que acompañarlo algunos días a ducharse porque tenía miedo de que le pasara algo.

Era una sensación como de tener el corazón partido, y por mi mente pasaban miles de pensamientos:

—¿Qué hago?, ¿a quién doy prioridad cuando los dos me reclaman a la vez?

Empezó a horrorizarme la idea de que a Javier le pasara algo, de que le diera ese infarto que él pensaba, unas cuatro veces al día, que le iba a dar. Creía que, si le pasaba algo a Javier, yo no podría sobrellevar sola todo el proceso de Aitana, yo lo necesitaba a mi lado. Él fue el que me había ido guiando en este proceso, el que me había ayudado y enseñado a ser paciente, era la persona que me entendía perfectamente, que regalaba a mis oídos las palabras que yo necesitaba en cada momento, y ahora nada de eso tenía.

La dependencia de Javier hacia a mí se tornó recíproca y mis miedos fueron en aumento cada vez, miedos a que él no se recuperara, a que no volviera a ser el mismo de siempre y un horrible terror a que le pasara algo y nos dejara.

Esto provocó en mí que lo observara constantemente, que estuviera todo el día preguntándole cómo se encontraba y, cada vez que me decía que se encontraba mal (que era continuamente), me venía muy abajo, se me caía el mundo encima. Y todo esto nos hizo entrar en un bucle sin salida que, sin darnos cuenta, nos llevó a los dos a convivir con el temor: él con su agorafobia y yo con miedo a quedarme sin él.

Llegó un momento en que toda nuestra vida se convirtió en una excusa para rechazar invitaciones, salidas con amigos, comidas familiares, reuniones de trabajo. Todo nuestro mundo se tornó de puertas hacia dentro de casa, lugar donde ambos nos sentíamos más seguros. Para Javier, porque no quería que nadie notara que estaba viviendo ese proceso y, para mí, porque lo tenía más cerca, seguro de estar a mi lado y esa seguridad le hacía bajar un poco los niveles de ansiedad.

El proceso de deterioro emocional y físico fue en aumento durante todo el año. Os aseguro que ha sido, hasta la fecha, el peor año de mi vida. Yo sabía que el apoyo psicológico que estaba recibiendo Javier no era la solución, pensaba que necesitaba tratarse de otra forma. Sabía que necesitaba un psiquiatra, pero cada vez que salía el tema él se ponía muy a la defensiva y era motivo de discusión. Llegó un momento en que yo no podía más, me era muy difícil poder gestionar todo:

- Los miedos de Javier a morirse, a no volver a encontrarse bien, a no controlar sus ataques de hipocondría y agorafobia.
- Mis miedos a no volver a tener a ese Javier que había sido mi pilar, ya que sin él no era capaz de sacar adelante a mi hija.
- Mi incapacidad para poder dedicarme a mi hija y trabajar con ella su rehabilitación.

- Mi obsesión por los avances de mi hija y mi proyección de la frustración sobre ella.
- Esconder de cara al exterior todo esto que estábamos viviendo en casa. Sólo fui capaz de contar lo que estaba pasando, con pelos y señales, a unas pocas de mis amistades: Nati, Ana, Edurne, Verónica, Edu y Laura.

Y mi sobreesfuerzo desde el punto de vista laboral para aportar a casa el dinero que Javier dejó de aportar por no estar en condiciones para trabajar.

En esta fase, yo necesitaba coger fuerzas de donde fuera y estaba constantemente analizando mi vida para ver si había algo que pudiera darme la fuerza que necesitaba para afrontar todo esto. Mi primera opción era Javier, recurrir a él, pero claro, él no estaba en condiciones de dármela, la necesitaba toda para él. Así que pensé que quizá viéndome más delgada me subiría la autoestima y podría sacar esa fuerza y optimismo que tanto me faltaba.

El físico para mí siempre fue algo determinante. De joven tuve muchos complejos y el verme gordita me hacía muy pequeña. Así que me puse manos a la obra y perdí cerca de ocho kilos en tres meses. Sin embargo, muy a mi pesar, no conseguí esa fuerza y energía que necesitaba. Me veía mejor en el espejo, pero interiormente seguía destrozada, cada día más destrozada.

Así pues, barajé la opción de acudir a un psicólogo a que me ayudara a gestionarlo porque yo sola no podía. Mis amigos también me decían que quizá me vendría bien ir y tratar de poner cada pieza de este puzle en su sitio. Y así lo hice, comencé a asistir una vez por semana.

Empecé a visitar a Isabel, mi psicóloga, y ya en la primera sesión pude descubrir cuánta carga llevaba dentro, cuánta angustia, cuánto dolor guardado y no gestionado correctamente.

El gran paso es darse cuenta de que tienes un problema y necesitas ayuda. Si ese paso lo das, tienes mucho ganado. Pero no basta con ser consciente de que tienes un problema, debes querer solucionarlo. En ese caso estás mucho más receptivo a los inputs que te llegan de fuera y eso ayuda muchísimo.

Isabel me dejó hablar, llorar, no le importaba que le dijera cosas inconexas ni que gritara.

De lo primero que hablé fue del problema de Aitana, pero de una forma muy superficial, porque le dije que eso lo sentía superado, aceptado, y me centré en Javier. Recuerdo parte de la conversación:

–Loles, ¿tú qué necesitas para estar bien? – preguntó Isabel.

–Que Javier esté bien, sólo eso –respondí.

En ese momento me di cuenta del trabajo que me quedaba por delante: mi bienestar no podía depender de nadie, solo de mí. Mi felicidad y mi autoestima son mías y de nadie más. Algunas personas te pueden ayudar a estar más feliz o menos, pero ellos no pueden definir tu grado de felicidad ni de autoestima.

En esa primera sesión vi muchas cosas con más claridad y pude encontrar alguna explicación a mi estado. Fue muy dura porque tuve que contar cómo era mi vida en ese momento, remontarme al diagnóstico de Aitana, contar mi obsesión por la búsqueda de la perfección, mi afán por ser perfecta en todo, hablar de Javier y de su estado, hablar de mi relación con mis padres y hermana… en definitiva, remover muchas cosas que no me apetecía, pero que sabía eran necesarias.

En mis posteriores sesiones fuimos profundizando más en los temas que me hacían daño internamente y en los puntos que había que trabajar duramente:

1. Mi obsesión por la búsqueda de la perfección me estaba llevando a un estado de exigencia con Aitana tan alto, que

me frustraba cuando ella no alcanzaba los objetivos que nos marcaban los terapeutas. No podía permitirle que no consiguiera lo que estaba marcado, me enfadaba, y ella no comprendía qué ocurría. Ahora me siento fatal por todo aquello, pero quizá tuve que vivirlo para ahora darme cuenta y no caer en lo mismo.

2. No permitía que nadie trabajara con Aitana, excepto los profesionales, pues consideraba que sus avances, sus logros, dependían única y exclusivamente de mí, de mis métodos de trabajo tan enfocados a conseguir la perfección. Era yo la que debía trabajar con ella en casa, enseñarle a identificar objetos, sonidos, corregir la dicción, preparar los cientos de materiales que le diseñaba para hacer juegos en casa.

3. Privé a Aitana de horas de juego con sus amigos en el parque. El parque llegaba cuando ella había conseguido lo que estaba planificado, si no, nos encerrábamos en casa a trabajar. Ambas sentadas en una silla, una enfrente de la otra, yo mostrándole fichas, unas tras otras… horas y horas.

4. Javier quería ayudar y yo me negaba, le decía que prefería ser yo quien lo hiciera, que él descansara. Todo por mi obsesión de que esa parcela era mía y sólo mía.

5. Cuando mis padres, amigos o familiares trataban de enseñarle a Aitana alguna palabra, concepto o similar y lo hacían de manera diferente a la mía, se me llevaban los demonios.

6. Con respecto a la ansiedad de Javier, me pasaba todo el día preguntándole cómo se encontraba, deseosa de que me dijera que estaba bien, pues mi bienestar dependía del suyo.

7. En cuanto a mi relación familiar, también tuve que trabajar mucho internamente para aceptar muchas cosas y saber perdonar otras tantas. Fue una liberación para mí el llegar a ese punto.

8. Durante meses llevaba siempre en el bolso una libreta y un lápiz para anotar sensaciones, motivos que los producían y posibles soluciones. Esos eran mis deberes, los que Isabel me había marcado. Y os podéis imaginar cómo era esa libreta, ¿verdad? Limpia, ordenada, estructurada y escrita con una pulcritud y exactitud tremendas.

9. Intensifiqué mi actividad deportiva recomendada por la psicóloga. Salía a correr más a menudo porque eran momentos en los podía pensar en todo esto, coger fuerza e ideas para luego poner en práctica.

10. Viví durante meses muy pendiente de todo lo que hacía, centrada en cómo lo hacía y me afectaba para poder así comentarlo con Isabel. Esto no fue un suplicio, ni mucho menos, mi carácter de por sí es así, soy muy analítica, planificada y me gusta tenerlo todo bajo control. Lo complicado y agotador era que, mientras hacía los deberes de Isabel, también cuidaba de Javier, iba a todas las terapias de Aitana y seguía trabajando duramente para llevar dinero a casa. No podía detenerme.

A los cuatro o cinco meses de estar visitando a Isabel era otra persona. Me volví mucho más tolerante con todo el mundo, menos obsesiva en ciertas cosas, aprendí a priorizar, a dosificar mi energía en los temas que llevaba entre manos. Aprendí a repartir la responsabilidad de Aitana con Javier y con mis padres, y sobre todo aprendí a ser feliz por mí misma.

Conocí una parte de mí que no sabía que existía: debilidades y fortalezas, virtudes y defectos, con los que convivo a diario, pero que me encanta tenerlos.

Dejé de contar las páginas de los libros que leía, dejé que los armarios de ropa estuvieran sin clasificar por prendas y colores, dejé que las pelusas invadieran el suelo de mi casa, dejé gotas de agua salpicadas en el espejo del baño, dejé el bol del desayuno con los cereales pegados en la pila durante horas y dejé alguna falta de ortografía en algunos de mis correos electrónicos, y comprobé que no pasaba nada.

Mi vida cambió de tal forma que hoy puedo decir que soy Loles en estado puro, para lo bueno y para lo malo. El conocerme mucho mejor y aceptar una lista de cosas pendientes me hizo dejar de vivir resignada por tener una hija discapacitada y aceptarla tal como es. Ese era el mayor engaño con el que llegué a la consulta de Isabel, pensar que había aceptado que Aitana fuera sorda. Confundí la resignación con la aceptación.

Aparte de aceptar la discapacidad de Aitana, asumí otras muchas cosas que estaban siendo para mí un lastre desde hacía muchos años.

Debido a esta aceptación, finalmente pude ver realmente la luz, mi luz. Y recordé que fue al salir de la primera programación cuando sentí esa pequeña chispa. Había conseguido sacarla, hacerla nacer y que creciera hasta darme una sensación de paz conmigo misma y de equilibrio con el mundo.

Javier comenzó en esa época con un tratamiento psiquiátrico que le fue estupendamente. A la semana de empezar con el tratamiento empezó a ser otra persona, alguien a quien había que cuidar mucho, pues la medicación a veces te deja sin fuerzas ni ganas de nada, pero a cuidar de otra forma. Pasó un año con tratamiento intenso, un año duro para todos porque Javier no estaba recuperado, aunque estaba camino de ello. Afortunadamente pasó y él lo llevó de una manera espectacular, tan espectacular que hubo gente que ni se percató de nada.

Hoy Javier se encuentra recuperado casi totalmente, pues aún hay días o semanas que tiene algún bajón, pero ahí estoy yo para darle todo mi apoyo, como hace él conmigo cuando los bajones me dan a mí.

Todas estas vivencias nos han hecho más fuertes como personas y como pareja. Hay veces que pienso que, en muchas ocasiones, somos un solo ser porque es tal el nivel de compenetración que tenemos y el trabajo en equipo que estamos haciendo, que me cuesta diferenciar quién es quién. Es algo maravilloso.

Todo esfuerzo tiene su recompensa

Y mientras todo esto pasaba en nuestras vidas, no podíamos detenernos, debíamos tratar de compatibilizar todo. Nuestro ritmo con Aitana era frenético.

Ana trabajó con Aitana sin cesar durante su último año de guardería. En ese tiempo los trabajos eran algo diferentes a cuando Aitana no llevaba implantes. Recuerdo un durísimo trabajo para conseguir que Aitana pudiera emitir los fonemas. Comenzamos con las onomatopeyas ("perro": guau; "gato": miau; "pato": cua...). Así estuvimos meses, hasta que Aitana fue capaz de decirlos y reconocerlos a través de la audición.

También conseguimos que Aitana dijera y reconociera los colores básicos (rojo, verde, rosa, azul...), los nombres de sus compañeros de la guardería, el suyo propio o el de los familiares más cercanos. Era increíble escuchar su voz y lo bonita que era, una voz de niña con toda su dulzura.

Por esa época, en cuanto a relaciones sociales las cosas eran a veces complicadas, pues como Aitana ya decía palabras sueltas, mucha gente daba por hecho que debía entender todo lo que se

le decía y, la verdad, era un poco estresante tener que ir dando explicaciones de cómo funciona un implante, de cómo es el proceso de rehabilitación del lenguaje… Por una parte, Javier y yo deseábamos dar esa información para que la gente conociera un poco el mundo de los sordos y el implante coclear, pero sinceramente era agotador y más cuando te tropiezas con el "listillo" de turno, que sabe más de sordera que un profesional de la rama.

En casa seguíamos trabajando con Aitana y aumentamos la intensidad, pues ya había sonido en el mundo de Aitana y teníamos que explicarle cualquier cosa. Aitana se asustaba fácilmente ante cualquier sonido, ya fuera la lavadora, un portazo, los juguetes con los que había estado jugando durante casi dos años… todo era nuevo para ella y debíamos enseñarle a diferenciar todos los sonidos.

La forma de hacerlo era la siguiente: si Aitana escuchaba el sonido del teléfono, la acercábamos a él y le decíamos T-E-L-É-F-O-N-O; si escuchaba el agua que caía del grifo, le decíamos G-R-I-F-O, y así todos los ruidos cotidianos que puede haber en una casa.

Electrodomésticos, sillas al arrastrarse, música, voces de la televisión, persianas, puertas, cisterna del baño, secador, aspiradora, puerta de la nevera, microondas, despertador, cubiertos, eructos, pis… todo lo que os podáis imaginar. Igualmente ocurría en la calle: coches, motos, camiones, ambulancias, bomberos, pájaros, motor de un coche parado, lluvia, truenos, petardos, balón… Cada sonido se lo asociábamos con una pablara y repetíamos esa palabra hasta la saciedad para que finalmente la retuviera en su mente. El proceso era el siguiente:

1. Escuchaba.
2. Asociaba ese sonido a una palabra.
3. Tras muchas repeticiones, grababa esa palabra en su mente, aunque no fuera todavía capaz de emitirla. Esto nos llevaba mucho tiempo.
4. Trabajábamos con fichas para que identificara palabras con objetos. Por ejemplo, lavadora, pájaro… (y todas las cosas que sabíamos que había escuchado y se las habíamos dicho muchas veces). Así hasta comprobar que sonoramente sabía diferenciar las cosas, tanto por el sonido producido como por la identificación de la palabra hablada. Esto, Ana Oltra lo trabajaba mucho con ella. Ana disponía de muchos archivos de sonidos con onomatopeyas, sonidos diversos y fichas con imágenes para que Aitana pudie-

ra señalar qué era lo que escuchaba. En casa nos hacíamos los montajes más caseros, pero funcionaban igualmente.

5. Después de mucho entrenamiento y mucho tiempo (hablamos de meses), ella misma empezó a reproducir todas estas palabras y a recopilarlas en su propio vocabulario.

Fue trabajo de mucha constancia por parte de todos, a veces desesperante y frustrante, pero había que continuar, un día tras otro, sin pausa.

En esa época, el trabajo era doble porque teníamos que preparar mucho material audiovisual para luego poder trabajarlo con Aitana en casa. Gastamos infinidad de cartuchos de tinta de la impresora e hicimos cientos de diapositivas en Power Point.

Desde septiembre de 2011 a febrero de 2012, Aitana asistía al IVAF cuatro días por semana a primera hora de la mañana, como comentaba anteriormente. Fue en esos meses cuando, hablando con otros padres de la Asociación de Padres y Amigos del Sordo de Valencia (ASPAS Valencia), conocimos la Terapia Auditivo Verbal, que se impartía en España, en Madrid, y empezamos a indagar para ver si había otro lugar más cercano donde alguien pudiera atendernos.

La Terapia Auditivo Verbal (TAV) es un enfoque terapéutico para la educación de los niños sordos donde se enfatiza el desarrollo de las habilidades auditivas para desarrollar el lenguaje a través de la audición. Se trabaja mucho con los padres para crear en el hogar un ambiente donde el niño aprenda a escuchar, a procesar el lenguaje verbal y a hablar.

El orden en que se van enseñando cosas y aumentando la complejidad es siguiendo la secuencia natural con respecto al lenguaje verbal de los niños que oyen normalmente. Esto es: primero apuntamos a la comprensión, luego a la expresión y mucho después se desarrolla la lectura y finalmente la escritura. Se espera que maduren según las diferentes etapas desde el balbuceo, las palabras sueltas, llegando a expresarse con oraciones compuestas y complejas con la gramática similar a la del adulto alrededor de los cuatro años.

Después de mucho buscar por internet y hablar con mucha gente, dimos con Mariana Maggio de Maggi, fonoaudióloga del Programa Infantil Phonak, que imparte esta terapia en Castellón.

Tuvimos que decidir si acudir a Mariana a Castellón o ir a Madrid a otra terapeuta de la que sí teníamos referencias. El ir a Madrid, aparte del alto coste que nos iba a suponer, significaba que Aitana llegara cansada del viaje y que, probablemente, no sacara partido a la sesión. Ir a Madrid suponía casi cuatro horas de coche de ida y otras tantas de vuelta en el mismo día, o AVE hasta Atocha y luego metro y autobús hasta la consulta médica. Demasiado para una niña de tres años en el mismo día, y más cuando tiene que llegar con ganas de trabajar. Así que optamos por visitar a Mariana y valorar los resultados obtenidos en los tres primeros meses.

Tomada esta decisión, nuestra vida empezó a ser aún más estresante, pues aunque parezca de locos, los martes hacíamos el siguiente recorrido: Canet d´en Berenguer-IVAF (Valencia) para terapia con Ana Oltra-Castellón para Terapia Auditivo Verbal con Mariana. El martes era el día más duro, sin duda, para todos, pero valía la pena.

Aitana llegó a manos de Mariana, otro ángel para nuestras vidas, después de ocho meses desde la primera programación de los implantes. Aitana por aquel entonces tenía un vocabulario amplio, si bien no construía frases ni de dos palabras y creíamos que entendía muchas más cosas, pero luego nos dimos cuenta de que no.

Nuestra experiencia nos dice que el trabajo que se hizo con Aitana en el IVAF, junto con el de Mariana, eran totalmente compatibles y complementarios. Mientras veíamos que el trabajo de Ana Oltra en el IVAF se enfocaba más en la pronunciación de fonemas y adquisición de vocabulario, conceptos..., el de Mariana se basaba en la comprensión y en utilizar el lenguaje hablado como medio de comunicación sin ningún apoyo visual.

La Terapia Auditivo Verbal fue un antes y un después en nuestras vidas, pues la terapia realmente se da a los padres para que la trabajen en casa con los niños. Mariana nos enseñó muchísimas cosas en un corto período de tiempo, pero lo más importante es que nos abrió mucho los ojos en cuanto al nivel de comprensión que tenía Aitana de las cosas y de los posibles hándicaps que podría tener en cada una de las etapas de su vida.

Mariana nos explicó en profundidad en qué consistía la Terapia Auditivo Verbal (TAV) que ella imparte a padres y las diferentes fases por las que debíamos pasar.

En la TAV no se utilizan la Lengua de Signos ni la Palabra Complementada, pues el habla sólo puede ser captada correctamente y procesada a través de la audición. Por lo que los profesionales deben trabajar para obtener lo mejor de la audición residual del niño. De este modo, puede aprender el lenguaje oral de la forma más natural y eficiente.

Este énfasis en lo auditivo le permite darle sentido a los sonidos de su ambiente y crear una memoria auditiva, por lo que estará utilizando la audición para el desarrollo de sus habilidades sociales y comunicativas, así como aprendiendo del ambiente que le rodea y usando su audición de forma activa, no sólo a través de lo que recibe de forma visual.

Los objetivos de estas terapias y de estos profesionales son:

- *Apoyar la orientación e intervención familiar dentro de la atención precoz a los padres de niños con discapacidad auditiva, a lo largo de todo el proceso de corrección protésica de su hijo.*

- *Fomentar la comunicación e información a los padres sobre las mejores soluciones técnicas o tecnológicas que ayuden o colaboren a la eliminación de barreras de comunicación.*

- *Defender estrategias u opciones educativas y de intervención en el niño con discapacidad auditiva en las que prime el acceso a la educación y comunicación.*
- *Cooperar con los padres de niños sordos en actividades asociativas.*
- *Ofrecer un marco de colaboración a los padres en los procesos afectivos emocionales para favorecer la "normalización" dentro del entorno familiar y social.*

Comenzamos entonces, en febrero de 2012, a trabajar en paralelo con Ana Oltra y Mariana Maggio. Recibíamos pautas por ambas partes que debíamos trabajar en casa Javier y yo con Aitana. Aparte de eso, teníamos una libreta a través de la cual las terapeutas y las profesoras de la guardería se comunicaban. En ella cada una de las partes del equipo apuntaba qué estaba trabajando con Aitana, pues era importante que le adelantáramos los temarios, cuentos, fichas,… que iba a hacer en la guardería para que pudiera entenderlos mejor.

Estábamos formando un gran equipo de trabajo, lo que llamamos Equipo Implante Coclear y lo que nos inspiró a hacer unas pulseras para regalar a todas aquellas personas que considerábamos parte de ese equipo, personas que aportaban cosas buenas en el desarrollo y evolución de nuestra hija.

Esa fue la forma en que queríamos agradecer a la gente todo lo que estaba haciendo por nuestra hija y hacerle ver que era muy importante en nuestras vidas. La idea gustó a otros padres de la asociación y se sumaron a la causa, regalando pulseras a sus respectivos equipos.

Somos conscientes de que el éxito o fracaso del desarrollo del lenguaje de un niño sordo está en el buen trabajo y cohesión de ese quipo de personas que lo tratan: terapeutas, audiólogos, otorrinos, programadores de implantes o audífonos, profesores, amigos, familia… y los padres. Sin un buen trabajo por parte de estas personas, el niño no puede desarrollar el 100% de su potencial, por eso estamos tan agradecidos a todo este colectivo de gente que hace que día a día nuestra hija siga evolucionando.

El equipo de trabajo era un equipo cohesionado, enfocado a unos mismos objetivos y sobre todo un equipo muy implicado. Y gracias a estas tres variables, la evolución de Aitana está siendo muy buena.

En febrero de 2012, cuando comenzamos con la Terapia Auditivo Verbal, Aitana tenía casi tres años de edad cronológica, pero menos de dos años de edad auditiva.Por lo tanto, había un gap importante entre ambas edades que había que acortar lo antes posible.

Mariana comenzó a darnos pautas de trabajo para casa y semanalmente fijábamos unos objetivos. Por ejemplo: ampliar el vocabulario en tres palabras, conseguir que Aitana no utilizara sólo palabras sueltas para pedir las cosas (cambiar "agua" por "quiero agua", "pipi" por "tengo pipi"), que entendiera órdenes básicas: "a comer", "a la bañera" o "límpiate la boca" sin ningún apoyo visual.

A los cuatro meses de estar asistiendo a Terapia Auditivo Verbal, Mariana le pasó a Aitana unos test para ver en qué nivel estaba. Los resultados fueron los siguientes:

- Reconoce y responde de manera adecuada a los sonidos ambientales a distintas distancias.
- Imita todas las vocales y las consonantes acordes a su edad de desarrollo.
- Identifica e imita distintas melodías trabajadas previamente, asociando la imagen y movimientos correspondientes a la canción ("Cumpleaños feliz", "Los pollitos", "La rana", "El elefante", "La casita" e incluso canciones populares que oye en dispositivos electrónicos).
- Espontáneamente no necesita hacer uso de la lectura labial

para decodificar el mensaje oral, pero aun así presenta una actitud de escucha activa.

- Identifica y comprende onomatopeyas y palabras familiares (aisladas o en contexto) usando únicamente la audición.
- Puede seguir órdenes verbales de dos elementos críticos.
- Responde a frases familiares (estén o no relacionadas con el contexto).
- Imita espontáneamente palabras nuevas.
- Comienza a identificar objetos a través de una descripción, esperando a la palabra clave.
- Aunque aún utiliza algunas estrategias conversacionales que no son adecuadas, ha mejorado en la toma de turnos y tiempos de espera. Esto le permite prestar atención a lo que se dice para obtener información antes de responder.
- Aumenta día a día su vocabulario, ya sea de forma dirigida o aprendida a través de la escucha incidental.
- Responde verbalmente a la comunicación verbal. Sus emisiones son inteligibles para las personas familiarizadas, pero algunas de ellas también para las personas no familiarizadas.
- Utiliza para comunicarse palabras simples (más de cien, según inventario Mac Arthur) y algunas frases de hasta tres palabras (etapa transicional).

Los resultados de esos test no eran malos, para nada, pero no eran suficientes para nosotros, queríamos más, así que seguimos luchando día a día para acortar esa distancia entre la edad biológica y la auditiva de nuestra hija.

Durante meses estuvimos trabajando semanalmente con Aitana: cuatro sesiones de logopedia de cuarenta y cinco minutos, una sesión de terapia Auditivo Verbal de una hora y media, y una media de ocho horas semanales en casa de trabajo nuestro con ella. No había descanso, no había tregua, todo era una contrarreloj. Un total de casi trece horas de trabajo semanal que nos dejaba exhaustos.

Poco a poco, Javier y yo nos fuimos dando cuenta de que ya no nos hacía falta preparar tanto material para trabajar con Aitana en casa, con lo que poco a poco fuimos dejando de preparar fichas, pues nos dimos cuenta de que la Terapia Auditivo Verbal se basa en un trabajo de utilización del lenguaje en sí, a través de las rutinas diarias, sin apoyo visual en la mayoría de los casos.

Interiorizamos la terapia, hasta el punto de que aprendimos a comunicarnos con Aitana mediante las estrategias en las que se basa esta terapia: realce acústico, limitación de formato, elaboración, palabra clave, refuerzo, sándwich auditivo, repetición, cierre auditivo, simplificación, etc.

Mariana, cada seis meses, fue pasando a Aitana diferentes test, adecuados en complejidad a su edad cronológica y auditiva. Los resultados eran cada vez mejores, ese gap se iba acortando. Aitana iba consiguiendo equipararse poco a poco a niños de su edad en algunas parcelas.

Entre enero y febrero de 2014 se le pasó a Aitana el último test, hasta el momento, y los resultados fueron estos:

Fecha de valoración: enero y febrero de 2014

Edad: 4 años y 8 meses

Edad auditiva: 2 años y 7 meses

Evaluación del desarrollo auditivo y del lenguaje

1. Desarrollo del lenguaje

Aitana continúa superando ampliamente los hitos en el desarrollo del lenguaje que corresponden para su edad auditiva (ver informe anterior).

A continuación, se describen los resultados más relevantes de las pruebas estandarizadas realizadas durante los meses de enero y febrero de 2014.

2. Nivel fonético-fonológico

Ha adquirido todos los fonemas en todas sus combinatorias. Si persiste algún error de pronunciación se debe a un mal hábito o a que no lo ha oído con claridad y, por lo tanto, no se ha registrado de forma adecuada.

Sus emisiones son inteligibles para interlocutores no familiares.

3. Nivel Léxico

En la prueba de vocabulario receptivo, evaluada a través del Test PPVT-III Peabody, obtiene una puntuación correspondiente a una edad equivalente de **4 años 5 meses** (PD 44).

En la prueba de **fluidez léxica**, evaluada a través del apartado Expresión Verbal del test ITPA, obtiene puntuaciones correspondientes a una edad equivalente de **8 años 11 meses** (PD 61). Su capacidad de evocación y memoria léxica es muy buena.

En el lenguaje espontáneo se observa un nivel de vocabulario funcional adecuado e incluso superior a los niños de su edad, sobre todo en palabras específicamente trabajadas a través de la lectura o situaciones "enseñadas" y que ella luego puede aplicar en el contexto adecuado, por ejemplo "el médico de los oídos es el otorrino". Sin embargo, pueden existir lagunas en el vocabulario cotidiano que es aprendido de forma casual, por escuchar lo que dicen otras personas, aunque no se dirijan específicamente a ella (por ejemplo: "entregar", "granjero", "nido", "peludo"), ya que este proceso se ve obstaculizado por las limitaciones inherentes a la deficiencia auditiva de Aitana. En otras ocasiones, puede pensar que una palabra que no ha oído bien es una palabra nueva o por el contrario pensar que palabras acústicamente similares son sinónimas.

Por ejemplo:

–Examinador: "Eso es un gallo".

–Aitana: "O también se puede decir 'gallina'".

Es importante tener en cuenta este aspecto en todo momento y no suponer que ha entendido los conceptos sin corroborarlo antes a través de preguntas adecuadas y no sólo preguntándole si lo ha entendido.

4. Nivel morfosintáctico

Aún persisten agramatismos atribuibles a su tiempo de exposición y práctica con el lenguaje, pero continúa evolucionando muy favorablemente. Es capaz de producir oraciones complejas, concordando género, número y tiempos verbales de manera adecuada.

Ejemplo: "Antes de jugar a eso habíamos jugado al pillapilla".

5. Nivel semántico- pragmático:

Comprensión Auditiva (test ITPA):

Esta prueba evalúa la capacidad de comprender y retener información de un texto narrado.

Los resultados la sitúan en una edad de **4 años y 2 meses.**

Asociación Auditiva (test ITPA):

Esta prueba evalúa la capacidad para relacionar conceptos que se presentan oralmente. Los resultados la sitúan en una edad de 4 años y 7 meses.

Sin embargo no hay que olvidar que estas evaluaciones se realizan en entornos ideales, ambientes silenciosos, con un interlocutor adulto, muchas veces con apoyo visual. En actividades de diálogo espontáneo se pueden observar situaciones de comprensión literal que requieren aclaración.

<u>Observaciones:</u>

A viva voz, a intensidad conversacional y en ambiente silencioso, la identificación de palabras es adecuada (90% de una lista de palabras fonéticamente equilibradas para niños).

Cuando se presenta ruido de fondo, la capacidad de identificación de palabras disminuye notablemente (55% de una lista de palabras fonéticamente equilibradas para niños), por lo que es muy conveniente que utilice el sistema de FM siempre que se den condiciones acústicas adversas.

Aitana ha alcanzado un nivel de desarrollo del lenguaje que cada vez se acerca más a su edad cronológica. La evolución con respecto a su edad auditiva es excelente. Sin embargo, no debemos olvidar que sigue necesitando de todos los apoyos tecnológicos y metodológicos para alcanzar su máximo potencial. Las pruebas psicolingüísticas sólo nos indican el ritmo de su evolución y es natural que este se vaya desacelerando conforme aumente el nivel de complejidad de las habilidades que debe adquirir, pero es desde el ámbito de uso cotidiano del lenguaje donde se manifiestan y se irán manifestando las necesidades de intervención. Es importante estar atentos a estas necesidades para asegurar el desarrollo cognitivo adecuado.

Es importante tener en cuenta que Aitana, a pesar de ser un proceso natural para ella, está sometida de manera constante a un mayor esfuerzo auditivo, lo que puede reflejarse en un mayor nivel de fatiga en situaciones en las que se requieren más recursos atencionales.

La conclusión de estas pruebas es que nuestra hija con edad auditiva de dos años y siete meses, en febrero de 2014, estaba situaba en umbrales por encima de los cuatro años. Y eso constituye la mayor recompensa o palmadita en la espalda que le pueden dar a unos padres que llevan años trabajando, luchando y peleando.

Actualmente, ¿cómo es nuestra vida? Pues un maratón en toda regla. Javier y yo seguimos trabajando por cuenta propia, cada uno en nuestras parcelas y conjuntamente estamos poniendo en marcha una start-up. Tenemos que trabajar para meter tres sueldos en casa, pues uno se lo llevan los gastos de Aitana. Hay noches que dormimos muy poco porque necesitamos sacar horas, pero no nos importa, ya que así podemos dedicar más tiempo a nuestra hija.

Visitamos a Mariana cada quince días y acudimos semanalmente a dos sesiones de logopedia.

Además, Aitana practica natación dos veces por semana y, gracias a Paula, su monitora, se desenvuelve en la piscina como pez en el agua. Se comunica perfectamente con su monitora y con sus amigos sin necesidad de llevar sus implantes. Paula ha sido otro ángel que entró en nuestra vida, pues gracias a su implicación y ganas por querer ayudarla, Aitana ha aprendido a nadar y a comunicarse en el agua aun sin escuchar nada.

Javier y yo seguimos yendo juntos, de la mano, enfocados en un mismo objetivo. Pasamos muchas horas con Aitana y no dejamos de hablarle, de explicarle cosas, de contarle historias, de imaginar cosas, de preguntarle para saber cómo piensa, de jugar,... de comunicarnos. Es lo mejor que podemos darle.

Seguimos cansados, estresados, porque decir lo contrario sería mentiros. Tenemos nuestros días buenos y nuestros días malos, como todos, pero hemos aprendido a dar gracias por lo que tenemos y por lo que la discapacidad de nuestra hija nos ha aportado como personas, como pareja.

Hay días que se nos olvida que nuestra hija es sorda, porque la vemos comunicarse muy bien y ya casi no vemos sus implantes en sus orejas, pero cuando detectamos algún problema en comprensión o expresión, vuelven los pinchazos en el estómago y despertamos. Porque ella está muy bien, evoluciona muy bien, pero debemos ser conscientes de lo mucho que nos queda y de que su discapacidad está y estará ahí toda la vida.

Las personas que ven a Aitana, la mayoría, piensan que el trabajo ya está hecho.

–Ya habla, ya comprende, ya casi lee ¿qué más queréis? Relajaos –nos dicen algunos–, ya ha pasado todo, lo habéis hecho muy bien.

Perdonad, pero no. Seguiremos trabajando porque queda mucho camino por recorrer y no sólo en cuanto a la adquisición de un lenguaje, que nos queda mucho también.

Mi hija será adolescente, querrá ir a la playa con amigos y no podrá mojar sus implantes, querrá irse de excursión dentro de poco con el cole y dormir fuera de casa, a lo mejor querrá estudiar idiomas o tocar un instrumento musical, tendrá que estudiar y memorizar, se quedará sin baterías en sus implantes cualquier día en cualquier sitio, será "insultada" o "rechazada" (porque la naturaleza humana es así de simple),… y tendrá que estar preparada para todo esto y mucho más. Por eso, no nos podemos detener.

Viva la vida

Javier, amante del deporte y de su vertiente épica y lírica, dice que siempre le emociona ver la frase que hay escrita en el túnel de salida a la pista central del All England Club, donde se disputa el Torneo de Wimbledon. Es lo último que ven los jugadores al saltar a la pista. Y en el último partido del torneo, en la final, es cuando su significado cobra protagonismo:

"If you can meet with triumph and disaster and treat those two impostors just the same" ('Si puedes encontrarte con el triunfo y la derrota, y tratar a esos dos impostores exactamente igual'). Pertenece al poema victoriano "If", de Rudyard Kipling, y pese a que fue escrito en 1896, su significado y trascendencia siguen plenamente vigentes. Se trata de ser humilde en los éxitos, saber a quién pertenecen realmente y que un éxito es sólo el principio del camino.

Los implantes funcionaban, y vaya si lo hacían. La audición de Aitana se fue afinando a medida que pasaban los meses y aunque pequeños, los pasos eran continuos. Dentro de su cabeza debía de estar produciéndose un proceso mágico por el cual se iban ensamblando los implantes con su cerebro, y ella aprendía a sacarles todo el partido posible.

Hemos sido testigos de cómo poco a poco podíamos hablar con Aitana a un ritmo natural de conversación, cómo sus frases eran cada vez más complejas, su vocabulario más profundo, sus razonamientos más lógicos. Captar y reproducir música, sonidos y voces de la radio, hablar por teléfono; un milagro que no deja de crecer. Y ese milagro es lo que nos espolea a seguir trabajando. Porque el éxito no es sólo nuestro, porque es sólo el primer paso y porque si la ciencia nos ha dado esta segunda oportunidad, la mejor manera que tenemos para dar las gracias es seguir trabajando con Aitana. Y seguir haciéndolo por respeto a los profesionales que han trabajado y trabajan para que los niños sordos puedan oír, por respeto a las familias que no tienen tanta suerte como nosotros, por respeto al colegio que admitió a Aitana pese a las dudas que todos teníamos respecto a sus avances, por respeto a sus compañeros. Por respeto a todas las personas que forman parte del Equipo Implante Coclear.

Hemos sido muy afortunados. Nuestra hija tiene una discapacidad, sí, pero es una discapacidad que, con trabajo, mejora. Cada minuto empleado en Aitana es siempre provechoso, productivo, positivo. Y claro que es una victoria. Pero hemos aprendido a mirar esa victoria como la impostora que es, como decía Kipling. A no dormirnos en los laureles, a no regocijarnos en ella.

Y no olvidamos que nosotros hemos tenido la suerte de hacer una cabaña con los palos que nos ha dado la vida.

Correr, el ejercicio físico que comencé por rabia, se ha convertido en una de las actividades de mi vida. Estoy apuntada a un club de atletismo, compito en algunas carreras y formo parte de un grupo de entrenamiento, que me ha permitido conocer a compañeros maravillosos.

Javier y yo hemos creado aitanaStar.com, una pequeña empresa centrada en solucionar un problema que nos encontramos relacionado con la sordera de Aitana.

Pertenecemos a la Asociación de Padres y Amigos del Sordo (ASPAS Valencia), donde nos ayudan con aspectos relacionados con la sordera en niños y donde hemos conocido a familias estupendas. Aitana tiene sus amigos del colegio, sus amigos de la localidad donde residimos y sus amigos de ASPAS, que llevan implantes cocleares y audífonos.

Los niños, con la naturalidad que se toman las cosas, ni siquiera reparan en los implantes de Aitana ni la tratan de una manera especial. La integran en sus juegos de una manera absolutamente normal. Y eso es lo que más ayuda a nuestra hija. Y el compartir juegos con un niño que tiene una discapacidad humaniza muchísimo a los que no la tienen. Les hace ver el mundo desde otra perspectiva y crecer sabiendo que las diferencias forman parte de la vida. Y son sólo eso, que diferencias no son motivos de burla ni de exclusión ni de admiración. Cada uno somos distintos en un sentido u otro.

A través de mi web www.lolessancho.com , donde entre otros temas hablo de la sordera de Aitana, se han puesto en contacto con nosotros familias con niños sordos recién diagnosticados que están en ese punto donde estuvimos nosotros, en ese inicio del proceso. Y sabemos que la mejor manera de ayudarlos es quedar a tomar café y que conozcan a Aitana, que hablen con ella. Hablarles de nuestra experiencia, sin darles ningún tipo de lección.

Nosotros no somos expertos, tampoco profesionales. No podemos hablar de la sordera ni decirles lo que tienen que hacer. Sólo podemos hablarles de nuestro caso y de lo que nosotros hicimos.

Porque cada familia tiene que hacer frente a la situación y a las decisiones que esta conlleva, en el momento adecuado, como nos pasó a nosotros. Cada familia tiene que vivir su duelo, llorar hasta que no le queden lágrimas y remontar desde ese punto para luchar por su hijo, para darle lo que la ciencia y los profesionales han puesto a disposición de los niños sordos.

Nuestra vida está totalmente normalizada, conviviendo con la circunstancia que supone la sordera de Aitana. Pero no nos limita en nada. Y lo más importante, no limita a Aitana en nada. Ella será lo que quiera ser. Y ella aprende día a día a convivir con su sordera. Ahora ella, con cinco años, depende de nosotros, pero llegará el día en que su sordera, sus implantes y su formación, dependan únicamente de ella misma y de con quien quiera ella compartirlo.

Hay veces que una fantasía acude a mi cabeza y sonrío al pensar qué bonito sería:

Unos padres en una consulta de otorrino, con una niña pequeña en brazos, y la doctora les dice:

—Su hija tiene una sordera profunda, cuya única solución son unos implantes cocleares.

—¿Y qué es eso, doctora? —preguntan mientras tratan de contener las lágrimas.

La doctora se retira el cabello, dejando a la vista un aparato sobre su oreja con una bobina en el cráneo, y les dice:

—Tranquilos, un implante coclear es este aparato que yo llevo puesto y que me permite oír perfectamente.

¡Viva la vida!

"Cuando salimos de la consulta, al cerrar la puerta, parte de mí se quedó allí dentro. Salí con una sensación de vacío tremenda, ¿qué me había pasado? ¿Qué me habían quitado? No lo sabía, en ese momento era imposible saber nada, me acababan de decir que mi hija era sorda, era imposible pensar de una manera mínimamente lúcida. Para descubrirlo, tuvieron que pasar unos años y os aseguro que, hoy, me alegro de haberme desprendido de eso, me alegro de haberlo dejado allí dentro, en aquella consulta, que todavía pensar en ella me pone los pelos de punta.

Lo que dejé allí dentro fue una vida con una escala de valores ordenada de manera que me hacía daño y yo no me daba cuenta. Una vida centrada en esperar el reconocimiento por parte de los demás y frustrada por no recibirlo, una vida llena de complejos y temores.

Hoy todo esto ha cambiado, soy otra persona. Mis valores están perfectamente ordenados y, en primer lugar, está mi familia, no temo a nada ni a nadie, me quiero tal y como soy, elijo lo que hago y con quién voy y vivo siendo consciente que estoy en el mejor lugar en el que podría estar. Me siento muy afortunada y feliz"

Anecdotario

Me encantaría que cerraras este libro con una sonrisa.

A Javier y a mí nos gusta recordar momentos y anécdotas que nos han hecho reír. Y ahora, cuando los comparto con vosotros, sigo riéndome y dándome cuenta de que la sordera es algo muy serio, pero que en ocasiones debemos desdramatizar. Y que determinadas anécdotas son un soplo de aire fresco y un respiro en los objetivos que todos los padres de un niño sordo tienen en mente.

Una melómana precoz

Cuando la doctora Elvira Mencheta nos entregó los primeros audífonos para Aitana, al poco tiempo ya sabíamos que no iban a dar resultado. Aún así, con toda la disciplina del mundo, todas las mañana se los poníamos, y hacíamos las pruebas y ejercicios correspondientes. Y así durante todo el tiempo que debía llevarlos puestos.

En esos momentos iniciales del proceso, todavía no le habíamos dicho nada a mucha gente. Una mañana, bajamos al parque a que

Aitana jugara. Mientras la estaba columpiando, vi que una vecina de nuestro bloque, una señora de unos 60 años, venía de comprar el pan. Muy amablemente se paró a saludarnos, y a decirnos lo guapa y mayor que estaba Aitana. Pero vimos que se quedó mirando a la niña, y extrañada por los aparatitos que llevaba en los oídos exclamó:

-"Tan pequeña, y ¿ya le ponéis un MP3? La vais a dejar sorda".

"Señora, que sólo es sorda"

Estábamos con una amiga, hablando de la sordera de Aitana. También era la época de los audífonos, y estábamos explicando a esta amiga el proceso por el que debíamos pasar. Pasó a saludarnos la abuela de nuestra amiga, que casualmente pasaba por allí. Y nuestra amiga le explicó, delante de nosotros, que la nena era sorda y por eso llevaba los audífonos.

A lo que la señora, de unos 80 años, con una pena infinita, nos dijo:

- "Pobrecita, ¿cómo puede ser sorda? Eso es de viejos. Pero mírala, ¡es sorda y tiene todos los dientecitos y todo!"

¡Venga, va!

El proceso de aprendizaje del lenguaje es muy complejo, aunque normalmente no lo advertimos porque lo hacemos de una forma muy natural. Ese proceso deja de ser natural en los niños sordos que comienzan a oír. Y no lo es porque se produce con un retraso acumulado, con necesidades de comunicación más amplias que cuando tenemos un año, y porque vas a contrarreloj para que el niño recupere el terreno perdido.

Además, el idioma castellano es muy rico, y está lleno de giros, frases hechas y expresiones que utilizamos habitualmente sin apenas darnos cuenta.

Aitana, ya usuario experta de implantes, y con un amplio vocabulario, iba una tarde con Javier. Se compraron un paquete de patatas fritas, que llevaba Aitana en sus manos, y a los pocos metros se encontraron con un amiguito. Aitana, toda educada y formal, le dijo al niño:

- ¿Quieres? – a la vez que le acercaba el paquete de patatas.

- ¡Venga, va! – respondió el niño con alegría.

A lo que Aitana se giró a Javier y le dijo:

- Papá, me ha dicho "venga va". ¿Eso es que quiere o que no quiere?

Audiometrías con estimulación

En los niños, las pruebas auditivas han de tener forma de juegos. Si no, el niño se cansa, se aburre, y deja de colaborar.

Aitana ha hecho muchas audiometrías, como podéis imaginar, en varios centros médicos, y con la colaboración de diversos profesionales.

En uno de esos centros, la primera vez que fuimos, la profesional que tenía que hacerle la audiometría era una enfermera, amable y cariñosa. Aitana se dejó guiar por ella, y entró en la cabina de las pruebas. La habréis visto alguna vez, son como una cabinas insonorizadas que se cierran de manera hermética impidiendo que entre cualquier sonido del exterior.

El paciente entra en una cabina insonorizada, y a través de un cristal ve al profesional que está haciendo la prueba. En este caso, la prueba era sin cascos auriculares, a campo libre, como dicen los profesionales.

Aitana tenía ante sí una caja con forma de cabeza de león, y otra caja con pequeñas pelotas. Tenía que coger una pelota, y si oía el sonido, ponerla en la cabeza de león. Y el sonido, normalmente, unos pitidos, comienzan cuando el profesional acciona un botón.

Así que la enfermera presionó el botón, y a los dos segundos dejó de presionarlo. Aitana mantenía la pelota en su mano, no había oído absolutamente nada. La enfermera la miraba. Aitana a ella. Hasta que la enfermera levantó un poco las cejas y giró levemente la cabeza hacia un lado, como queriendo decir "venga, pon la pelota".

Inmediatamente, Aitana puso la pelota en la cabeza de león.

Al siguiente pitido, lo mismo. Y así sucesivamente. A la ligera indicación de la profesional, Aitana ponía la pelota.

Nosotros, que estábamos junto a la enfermera, seguíamos con atención el juego, pensando que estaba tratando de estimularla e introducirla en el ejercicio.

Hasta que, para nuestra sorpresa, la enfermera se levantó, y nos dijo:

- "Pues yo creo que esta niña oye muy bien".

Eso es lo que pensaba la enfermera, que Aitana oía, pero es que los sordos potencian otros sentidos, y por eso nuestra hija la vista la tiene de lince.

"Hola, me llamo Aitana y soy sorda"

Nuestra hija, ya con cinco años, es consciente de que es sorda, de que tiene esa característica especial que la diferencia del resto de personas de su entorno.

Ella busca sus estrategias para hacerse entender y ser entendida en los momentos en los que no lleva sus implantes, como por ejemplo en la playa o en la piscina.

Dentro de la naturalidad e inocencia que caracteriza a los niños, Aitana cada vez que estamos en la playa o en la piscina y se le acerca un niño, ella enseguida le previene:

- Hola, me llamo Aitana y soy sorda, no te escucho porque ahora no llevo mis implantes mágicos.

Esto es algo que deja a los niños fuera de juego porque no entienden cómo un niño puede ser sordo, e inmediatamente se van corriendo a decírselo a sus papás. Los padres vienen a ratificar que eso es cierto y se quedan alucinados de cómo una niña tan pequeña siendo sorda puede hablar, leer los labios, y decir que es sorda con toda naturalidad.

La reacción de los padres casi siempre es la misma, comienzan a gritarle para tratar de que Aitana les escuche y, claro, Javier y yo, hay veces que les dejamos que griten hasta quedar afónicos y otras que les decimos:

- Tranquilo, no grites, está sorda como una tapia.

A lo que ellos responden con un gesto de "no me puedo creer que unos padres digan eso de su hija".

Printed in October 2025
by Rotomail Italia S.p.A., Vignate (MI) - Italy